Curso de LinkedIn

10 días para tener un perfil con huella

David Díaz Robisco

Copyright © 2018

http://informacionparalaaccion.com/linkedin/

Todos los derechos reservados

A mi hijo Saúl, que siempre creyó en mí desde pequeñito.

Por toda la ilusión y ánimos que me transmitió desde mis primeras publicaciones en LinkedIn allá por junio 2015.

A mis hijas Claudia y Julia por aguantar con su sonrisa unos días de puente sin padre mientras escribía el libro y nos hemos perdido unas cuantas raciones de cosquillas.

ÍNDICE DE CONTENIDOS

Índice de contenidos 1
Introducción 5
    ¿Para quién es este libro? 5
    ¿Por qué estar en LinkedIn? 9
    ¿Me surgirán oportunidades profesionales por mi perfil? 14
    ¿Por qué conmigo? 15
    ¿Hay un perfil perfecto? 19
    ¿Hacen falta 10 días? 20
    Recursos adicionales 24
Día 1. ¿Quién soy? 26
Valores: sacando lo mejor de mí 26
    ¿Son importantes los valores? 28
    ¿Cómo pongo nombre a mis valores? 31
    Recursos adicionales 45
Día 2. Mis objetivos 48
«...ir para na' es tontería» 48
    Cuáles son tus objetivos en LinkedIn 49
    Tu lema - ¿qué ofreces en LinkedIn? 53
    Alineando valores / objetivos y lema 56
    Recursos adicionales 62
Día 3. Mi titular profesional 64
Mi «elevator pitch» 64
    Antes de empezar en LinkedIn 66
    Tú eres un producto clicable 67
    A por nuestro titular 70
    Recursos adicionales 107
Día 4. Mi foto de perfil 111
Tu marca personal en tu foto 111

Qué comunico con mi foto	113
Normas generales de la foto	115
Iluminación	116
Qué no es una foto de perfil	118
Ejemplos de foto de perfil	120
Recursos adicionales	128

Día 5. Mi imagen de fondo 131
Comunica un 20% más 131

¿No sabes lo importante que es?	133
¿Qué incluir en la imagen de fondo?	136
Ejemplos	138
Recursos adicionales	152

Día 6. Mi primera línea del extracto 155
Somos unos cotillas 155

¿Tan importante es una línea?	157
¿Quién va a leer mi perfil?	160
Ejemplos de primera línea	162
Recursos adicionales	172

Día 7. El extracto 175
Me da igual quién seas, ¿podemos hacer algo juntos? ... 175

Díme cómo me vas a ayudar	177
Ejemplos	181
Primera línea	211
Cómo ayudas / logros	212
Valores	213
Palabras clave	213
Pon tu perfil en varios idiomas, pero hazlo bien	214
Recursos adicionales	216

Día 8. Tuneando tu perfil 219
Di adiós a los extractos aburridos 219

Incorporar elementos multimedia	227
Recursos adicionales	231

Día 9 Mi experiencia 233
Cuéntame qué has conseguido 233

Experiencia 234
Educación 242
Aptitudes 243
Otros..244
Recursos adicionales..246
Día 10. Otros aspectos 250
A por el 10 250
Visibilidad fuera de LinkedIn....................................252
Datos personales y de contacto 257
Recomendaciones..260
¿Y mi privacidad? 261
¿Cómo sé que está bien mi perfil?...........................262
¿Quieres más? 269
Bonus1.   Haz crecer tu red 274
Dios los cría y ellos se juntan 274
Como invitar para que me acepten 275
Enviar invitación personalizada 285
Haz crecer tu red de contactos 289
Dales la bienvenida con tu plantilla 294
Recursos adicionales..304
Bonus 2.   TRES SECRETOS PARA SER MÁS VISIBLE........306
Aprende a ser activo en LinkedIn................................306
Secreto 1 - ¿Quieres saber lo que los demás ven de ti?.........307
Secreto 2 – Organizar contenido en automático para compartilo 308
Secreto 3 – Cómo crear tu propio contenido 309
Hasta pronto 311
Agradecimientos 313

David Díaz Robisco

INTRODUCCIÓN

¿PARA QUIÉN ES ESTE LIBRO?

Si quieres tener un perfil que muestra todo lo que eres capaz de hacer y en lo que eres diferente, este libro es para ti. Pondrás los cimientos de tu marca personal: qué y cómo comunicar. Te servirá no sólo para todas tus redes sociales, sino también para el mundo real.

Tendrás un perfil profesional con toque personal. Un perfil con huella. Con un impacto similar a todos aquellos perfiles que lees y te gustan de otros profesionales.

Conseguirás un perfil con huella: profesional con tu toque personal

Tú también eres diferente y especial y puedes tener un perfil con huella. ¿Por qué no lo tienes todavía?

A mí también me ha pasado. Aunque estemos muchos años en el sistema educativo, son muy pocas las horas que se dedican a conocernos personalmente, saber en qué somos buenos y a cómo comunicarlo.

Este libro te ayudará a sacar lo mejor de ti mismo y comunicarlo a través de tu perfil. A generar confianza. Es el primer paso para iniciar relaciones profesionales sanas que generarán oportunidades profesionales.

Después de hacer este curso vas a:

- Tener muy claros tus objetivos en LinkedIn.
- Reflejar en tu perfil todo aquello que te hace diferente y por lo que destacas.
- Poner las bases para generar confianza y atraer a otros profesionales.

No te preocupes. Yo también he estado en LinkedIn por estar. Con un perfil tipo curriculum vitae y hablando sólo de mí. De lo que había estudiado y donde había trabajado. A nadie le interesaba mi perfil «yoista».

Somos egoístas y a otros profesionales solo les interesa cómo les puedes ayudar.

He conseguido orientar mi perfil y todo mi contenido a ayudar a las personas con las que quiero estar conectadas. Desde una relación de confianza. A partir de ahí he generado oportunidades profesionales de todo tipo.

Tú también lo vas a conseguir. Te voy a acompañar con toda mi experiencia. La mía y la que he aprendido con mis clientes.

No es un curso para hacer un «copia - pega». Se trata de incomodarte para que saques todo lo bueno que llevas dentro.

¿Y cómo lo vas a conseguir?

- **Inspiracional**: más de cincuenta ejemplos distintos. La mayoría de ellos son personas normales como tú y yo. No son conocidas por los medios de comunicación, sino por su actividad en LinkedIn. Unos han sido clientes míos y otros no. Vas a encontrar en ellos inspiración.
- **Paso a paso:** con más de 50 vídeos motivacionales y técnicos. 25 de estos vídeos los he creado específicamente para este libro y son inéditos. En algunos videos encontrarás inspiración para ver todo más claro y pasar a la acción. Compararé la vida real con LinkedIn. Y otros vídeos son tutoriales paso a paso para superar todas esas dificultades técnicas.
- **Muy fácil de leer:** 13 caricaturas, 20 infografías, 12 ilustraciones, cuadros de tarea y cuaderno de trabajo.

Al final del libro, tendrás dos apartados extras para conocer los básicos de cómo ser activo en LinkedIn:

- Cómo hacer crecer tu red de contactos de forma sana y útil.
- Cómo ser más visible en LinkedIn: 3 secretos.

¿Y si cambian la interfaz de LinkedIn? No te preocupes porque lo más importante de este libro no son los temas técnicos (que también están solucionados). Lo más importante es saber qué y cómo comunicar. Sacar lo mejor de ti.

Lo podrás usar en LinkedIn, en el mundo real y en cualquier otra red social que utilices. Aquí tendrás las bases. LinkedIn es sólo un medio.

10 retos en 10 días

6 horas de tu vida para mejorar tu marca personal

¿POR QUÉ ESTAR EN LINKEDIN?

Siempre que vas a comprar un libro, un viaje o cualquier otro producto y servicio: ¿qué es lo primero que haces?

Mirar las valoraciones de otras personas que lo han comprado. Miras las estrellitas y los comentarios.

 45 valoraciones

En la página web glassdoor.com, también puedes valorar a tu empresa. Tanto si eres empleado como si simplemente has acudido a un proceso de selección.

Nos pasamos el día valorando y poniendo estrellitas.

¿Qué crees que hacen contigo?

Igual que tú miras, otros también te miran a ti.

Te van a googlear siempre, no solo a nivel personal, sino también a nivel profesional. ¿No lo haces tú también? Antes de cualquier reunión de trabajo ya sea con proveedores o clientes; antes de incorporar una persona a tu empresa; si te van a promocionar dentro de la empresa o quieres cambiar; los asistentes antes de dar una conferencia; incluso antes de comprar este libro puede que me hayas buscado.

¿Sabes que en el mundo B2B, el comprador sólo se pone en contacto con sus proveedores sólo después de haber hecho un 57% de su proceso de compra? Según un estudio de CEB que puedes consultar en este enlace.

Luego deciden si contactar o no contigo, si hacer o no hacer negocios.

En LinkedIn podrás controlar la imagen que estás proyectando. Las personas que quieran saber más de ti no sólo podrán acceder a lo que tú dices, sino a lo que los demás dicen de ti. ¿Qué imagen estás proyectando con tu perfil?

Las experiencias y sensaciones que como consumidores tenemos es mucho más valiosa y tiene más peso a la hora de tomar una decisión que lo que las propias empresas digan de sí mismas. Igual pasa con tu marca personal o con la imagen que proyectas en tu empresa.

Estamos en un mundo digital.

No te da valor lo que tú digas sobre tú mismo, sino lo que los demás sienten y comunican después de estar contigo.

Vivimos en un mundo digital:

¿Somos o no somos digitales?

Si tienes alguna duda, quizá la siguiente caricatura te confirme que somos digitales.

¿Eres de los que dices que esto de las redes sociales no va contigo?

¿Te acuerdas cuando decías que los móviles, el internet y los smartphones eran para otros?

Que no te pase lo mismo. No vale con estar, sino con saber utilizarlo.

¿ME SURGIRÁN OPORTUNIDADES PROFESIONALES POR MI PERFIL?

No. Si usas LinkedIn para vender o venderte en las primeras relaciones, este no es tu libro.

A mí me gusta que me compren, no salir a vender

No por abrir una tienda con un buen escaparate, tienes las ventas aseguradas. Hace falta mucho más. Atraer a personas para que visiten tu tienda. *Pero sin un buen escaparate, sin un buen equipo en la tienda, el resto sobra.*

Nosotros, nuestra marca personal, es un producto. Aquí vas a preparar tu escaparate. Fijarás unos objetivos muy claros sobre qué comunicar en LinkedIn.

En la parte de bonus, vas a poner las bases para atraer a todos esos profesionales a tu escaparate. Para que les apetezca iniciar conversaciones contigo.

¿POR QUÉ CONMIGO?

MI EXPERIENCIA EN LINKEDIN

Empecé en serio en LinkedIn en junio de 2015 con una red de contactos en LinkedIn de 300 contactos y no muy activo (una vez al mes). Estaba en LinkedIn por estar. ¿Te suena la situación?

En un año conseguí construir mi imagen de marca, ser reconocido por la revista Talentier como una de las personas más influyentes en RRHH y conseguir mis clientes. No todos los clientes que quería. Los que contactaban lo normal era cerrar porque estamos en sintonía. También es cierto que no realicé ninguna labor comercial específica, salvo la creación de contenido.

Se tiene la idea que LinkedIn en un sitio para buscar trabajo. También es un sitio para construir nuestra marca personal, nuestra comunidad que nos sirve para:

- Generar oportunidades profesionales: atraer clientes, apariciones públicas, asociarnos y también encontrar o mejorar trabajo
- Atraer talento: conectarás con las personas que comparten los mismos valores e intereses que tú. A partir de ahí, ya surgirán las oportunidades, pero en un entorno de confianza.

Decir que LinkedIn es un sitio para buscar trabajo es lo mismo que decir que un móvil sólo sirve para llamar.

Si no, ¿qué hacen en LinkedIn y siendo activos personas como Richard Branson, Bill Gates, Arianna Huffington o Emmanuel Macron (este último presidente de Francia en la fecha de publicación del libro)?

Siendo muy constante, y después de haberme equivocado mucho, ahora mismo puedo decir que tengo mi comunidad en LinkedIn. No es muy amplia en número, pero si en actividad:

- Mi blog en LinkedIn pulse han superado las 130 K visitas con más de un 11% de interacción (sin lista de correo).
- Mis vídeos semanales en LinkedIn tienen más de 5 K visitas con más de 3 segundos.
- Cada micro contenido que publico está entre las 1K y 5 K impactos.

MI EXPERIENCIA PROFESIONAL

Siempre me fue bien. Ya con veintisiete años fui capaz de liderar el cambio para dar la vuelta de pérdidas a beneficios a una empresa de alimentación recién adquirida con una facturación superior a los 30 MM de euros en un año.

He tenido responsabilidad en ventas, finanzas y recursos humanos. Siempre mejorando. Incluso monté con otros socios una empresa y en seis años pasamos de 0 a casi 12 MM de euros. Un año y medio después quebramos. No por la crisis. Por no hacer bien las cosas. Me considero responsable de mis éxitos y de mis fracasos.

Me tocó empezar de nuevo desde cero. Ha sido un camino en el que he aprendido muchas cosas que me encantará compartir contigo. Dicen que sólo se aprende equivocándose, y es verdad. Sin embargo, creo **que es menos doloroso y más rápido aprender de los errores y aciertos de los demás**. De profesionales que ya han hecho el mismo camino antes que tú y pueden compartir tu experiencia.

¿Con quién prefieres subir el Everest? ¿Con un GPS de última tecnología y un montón de teoría, o con el sherpa del lugar que ya lo ha hecho varias veces?

Compartiré aquí contigo no sólo mi visión de las técnicas de LinkedIn, sino el para qué hacerlo. No te preocupes, si un día LinkedIn deja de ser popular. En este libro tienes las claves para traspasar todo este conocimiento y manera de enfocar tu marca personal a la red que sea más popular en ese momento.

No sólo se trata de un libro de las técnicas de LinkedIn, sino de tu autoconocimiento personal y cómo proyectarlo en tu marca personal.

¿HAY UN PERFIL PERFECTO?

¿Hay alguna persona perfecta? ¿Hay una pareja perfecta? ¿Hay algo perfecto?

No tenemos los mismos gustos y además las realidades culturales son muy distintas. Lo que a mí me parece bien, a otro le puede parecer mal. Si intentas dar el gusto a todo el mundo, no vas a dejar contento a nadie. Ni a ti mismo.

No existen fórmulas mágicas ni el «copia + pega». Lo más importante es

Tú estés a gusto con tu perfil

Entre otras cosas porque te refleja tal y como eres en el mundo real.

Como no hay una forma de hacer las cosas, te mostraré no sólo estrategias y teorías, sino muchos ejemplos distintos (más de 40) para que incorpores aquellos que mejor van con tu personalidad y forma de ser.

¿HACEN FALTA 10 DÍAS?

La inversión de tiempo que vas a realizar es para toda la vida. Son 6 horas que tienes que invertir de tu tiempo en 10 días.

El perfil es la parte más importante, es la base. Nos sirve para conocernos como profesionales, ser consciente de en qué somos diferentes y establecer nuestros objetivos en LinkedIn.

A partir de ahí ya podremos definir nuestra estrategia de contenidos e ir definiendo cómo interactuar. Todo el tema de estrategia de contenido lo encontrarás en la parte del final de este libro, en el bonus 2 fundamentalmente donde tendrás una formación extra con 3 vídeos de 30 minutos en total. Aquí encontrarás los básicos para hacerlo por ti mismo.

Recuerda, si quieres ir más rápido, evitar errores y sentirte más acompañado y motivado puedes contratar mis servicios para formación en grupo, mentorías individuales o formación de empresa.

Aún así, nunca olvides que el perfil está en permanente evolución.

Si quieres hacer un perfil deprisa y corriendo, por cumplir el expediente, no compres ningún libro. No hace falta.

Puedes ir al examen habiendo estudiado a última hora. Aprobarás o suspenderás. Pero lo que está claro es que pasados unos días ya no te acuerdas de nada.

Si quieres poner los cimientos de una marca personal sólida, estos diez días son sólo el comienzo.

Este es el objetivo del libro: que tengas un perfil orientado a los demás

Este es un libro que para exprimirlo tienes acceso a contenido digitales:

- Descárgate un **lector de BIDI**
- Para ver los vídeos y enlaces necesitarás conexión a internet. Los vídeos que inspiren y sean necesarios, verás el código BIDI al lado. El resto de los vídeos y recursos, al final de cada capítulo tendrás su BIDI correspondiente. Aquí puedes ir viendo ya lo que te espera en este libro.

- **Los perfiles están en constante evolución**. Puede que, al visitar el perfil de un profesional, haya cambiado. No importa, lo importante es encontrar inspiración.

Dentro de este libro físico, incorporaré también ejercicios y te dejaré espacios para que lo vayas completando.

Verás qué cambio en tu perfil.

Wow, va a quedar genial

RECURSOS ADICIONALES

ARTÍCULOS:

- CEB Marketing Leadership Council: **The Digital Evolution in B2B Marketing**: estudio complete sobre cómo se compra en B2B.

- **Lecciones de una quiebra:** un artículo explicando por qué crecí y por qué quebré con mi empresa.

PÁGINAS WEB:

- **Glassdoor.com:** página web donde las personas que buscan empleo pueden ver todo tipo de valoraciones sobre la empresa.

- **LinkedIn Sencillo:** por si todavía quieres ir más rápido y saber lo que hago.

DÍA 1. ¿QUIÉN SOY?

VALORES: SACANDO LO MEJOR DE MÍ

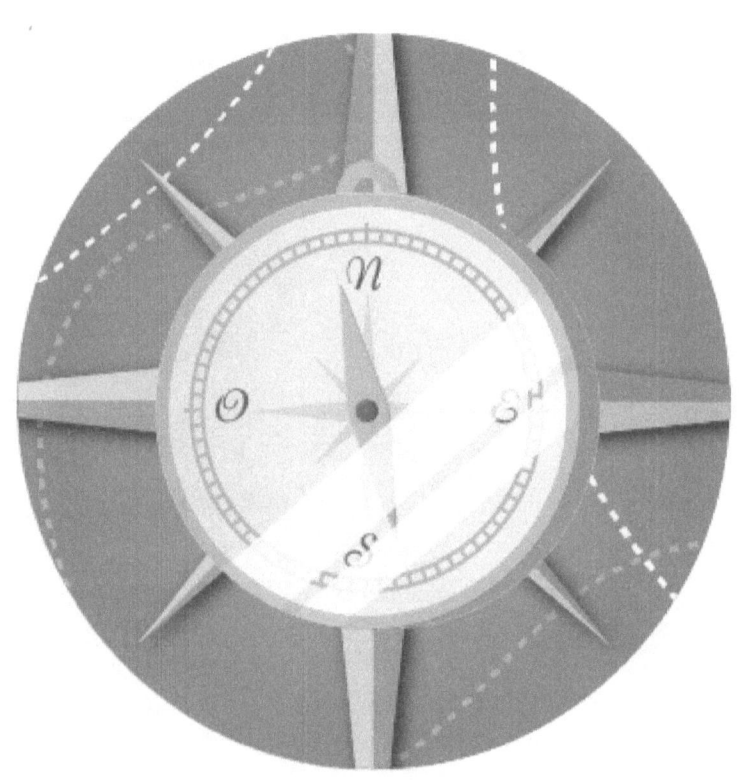

Tiempo estimado de trabajo: 40 minutos

¿Quién eres tú?

¿Qué huella quieres dejar en LinkedIn?

No hace falta que te descargues nada. Está en libro. Rellénalo. Escribe. Hay mucha diferencia entre pensar (se queda en un ejercicio teórico) y escribir (ayuda a pasar a la acción).

¿SON IMPORTANTES LOS VALORES?

Si hace veinte años me hubiesen preguntado por mis valores, no hubiese sabido qué responder.

Ni me lo planteaba. Pensaba erróneamente en la típica moda de coach, psicólogos y recursos humanos sin ninguna finalidad práctica.

Los años, mis aciertos y errores me han hecho darles la importancia que se merecen. Son vitales y necesario ponerles nombre.

Te hago una simple pregunta:

¿quién eres?

Si nunca lo has pensado, no te has atrevido a darte una respuesta o no te convence la que te has dado, vamos a hacerlo muy sencillo.

Tan importante es hacer las preguntas adecuadas, como ayudar a contestarlas.

Tranquilo. No soy coach, ni psicólogo ni nada que se lo parezca. Pero sí he recurrido a ellos en dos ocasiones donde me he encontrado muy perdido y sin ver ninguna salida. Y me vino muy bien.

Compartiré contigo solo lo que a mí me ha funcionado, y he visto que ha ayudado a otras personas en terminología de la calle.

El día 1 y el día 2 son los más importantes. Y no vamos a tocar la plataforma de LinkedIn, pero sí tu libro de trabajo.

Antes de construir vamos a plantificar

Si vas a construir una casa, antes necesitas los planos. No puedes levantar una pared de ladrillos o hacer un hoyo donde tú quieras.

Estos dos primeros días vamos a poner nombre a nuestros valores, en qué somos diferentes y cuál es nuestra propuesta de amor.

A mí también me costó mirarme al espejo y aceptarme tal y como soy. Pero me ha ayudado a tomar decisiones y saber quién soy. Vas a saber dónde merece la pena poner el alma y qué te llena de energía.

No esperes a tener malas experiencias para encontrarte contigo mismo. Aprovecha ahora, en plena construcción de tu marca personal para sacar a la luz lo mejor de ti. Descubre tu valor diferencial y dale tu toque personal.

Conoce qué marca personal vas a proyectar

¿CÓMO PONGO NOMBRE A MIS VALORES?

Un par de personas en menos de un año me han definido en privado y a través de LinkedIn como un "tipo raro". Por la autenticidad a la hora de contar las cosas y porque inspiran a la acción. No dejan indiferente.

Haciendo honor a esa definición, así «a la mecagüenlá» vamos con nuestros valores.

Nuestra marca personal se construye con nuestra parte personal y profesional. No se pueden separar.

Los valores son todo aquello que me hace feliz cuando los practicas o infeliz cuando se están pisando.

¿Qué te parece ponerles nombre?

¿Ya sabes cuáles son? Así en de directo, no es nada fácil.

Por eso te dejo aquí un par de vídeos muy cortos que están incluidos en la Guía Feliz y Rentable que he elaborado junto a mi compañera (y coach - coactiva) Beatriz G Barbeito.

Para descubrir tus valores piensa en situaciones de tu vida personal /o profesional. Te sorprenderás, porque todo tiene un hilo conductor. Deja tu mente fluir.

¿Quién dijo miedo a conocerse a uno mismo?

Verás qué fácil

Haz los dos vídeos y los ejercicios completos. Te vas a sorprender para bien. Busca un sitio tranquilo para estar contigo mismo durante 2:30 segundos. Dale al play utilizando el código BIDI.

Tu tarea

Recuerda todo lo que te haya venido a la mente en la visualización.

¿Qué era importante para ti en ese momento?

_____
_____
_____

¿Qué estabas transmitiendo?

_____
_____
_____
_____

¿Qué había a tu alrededor?

¿Qué es lo que no podía faltar? ¿Qué era imprescindible en ese momento? Si era una persona u objeto, pregúntate el valor que tiene para ti.

¿Qué te inspira ese momento?

Si es tu primera vez haciéndote todas estas preguntas, puede que no salgan todavía los valores. Lo sé. A mí también me pasó.

Aquí me vas a ver con Beatriz G Barbeito sacando mi yo más auténtico. Te inspirará a sacar los tuyos.

Estás ya muy cerca de sacar tus valores.

Sigue con el segundo vídeo (2 minutos 15 segundos)

Tu tarea

Vuelve a repasar todo lo que has escrito en las páginas anteriores (36, 37 y 38) para mejorarlo.

A lo largo de tu vida, aunque hayas realizado muchas actividades distintas. Siempre hay un punto de conexión en todas ellas. Hay causalidad. Ahí está nuestra esencia.

Todas las veces que te has sentido feliz, se repetían siempre una serie de cosas. Hazte estas preguntas:

- La última vez que me sentí a tope de energía, ¿qué pasó?
- La última vez que estaba de bajón, ¿qué pasó?
- Qué puede haber estado pasando (en positivo o negativo):
- Te gusta recibir reconocimiento en lo que haces, o simplemente colaborar y participar sintiéndote parte del equipo.
- Has estado investigando con temas tecnológicos, médicos o científicos de cualquier otra área que siempre te han gustado.
- Has sido muy constante en todo lo que haces y gracias a ello has tenido logros.
- Eres muy social y además siempre te ha gustado organizar las fiestas y eventos y preocuparte que todas las personas se sintiesen bien.
- Has sido muy detallista en todo lo que haces. Siempre te han gustado las cosas seguras, sin riesgos.
- Siempre buscando emociones, arriesgando, conociendo nuevos sitios o personas.

¿qué hay de importante detrás de todo esto?

Ya has dicho, ahhh ¿era eso?

Tu tarea

Una pequeña ayuda para que tengas presente lo que de verdad es importante para ti.

¿Qué dos personas o tipo de personas admiras? ¿Por qué? ¿Qué es lo que te llama la atención? ¿Qué hacen, cómo son?

_____

_____

_____

_____

_____

_____

¿Qué no puede faltar en tu vida? ¿Qué te llena siempre de energía?

Escribe algo que hayas hecho de lo que realmente te sientas orgulloso. ¿Qué pasó? ¿Qué te hacía feliz?

¿Qué situaciones te molestan especialmente? Cuando pasa qué cosa/s

Un pequeño esfuerzo para poner nombre a tus valores

Los valores son muy importantes. Te ayudan a definirte como persona cómo eres y a saber en qué eres bueno.

Para que puedas poner nombre a tus valores después de todo lo que has currado. Te dejo aquí una lista de valores.

Vas a dar tres vueltas con los valores:

- ⇒ Primera vuelta (1): señala todos aquellos valores con los que te sientes identificado. Pon una X. Me gusta y vale.
- ⇒ Segunda vuelta (2): quédate con 10, los que más te gusten (entre los cuatro bloques que hay)
- ⇒ Tercera vuelta (3): Selecciona tres o cuatro solamente. Para seleccionarlos, compáralos y elige el que te parezca más importante. Ojo entre los cuatro bloques que hay sólo tres o cuatro. No hace falta que sea un por bloque (aventura - proceso creativo - relaciones - sentimientos).

Una vez seleccionados:

Tus valores son tu guía

Si tus valores no están en esta lista, siéntete libre de añadir los tuyos o los que mejor te definan.

1	2	3	**Aventura, deporte, juego**
			Experimentar (buscar lo nuevo, la variedad)
			Asumir riesgos (por recompensa extraordinaria)
			Esfuerzo
			Diversión
			Estar entretenido
			Mejorar (ser mejor que antes)
			Competitividad (quedar por encima de …)
			Dar la vuelta a la situación

1	2	3	**Proceso creativo**
			Generar ideas, imaginar, inventar
			Diseñar
			Montar, sistematizar, planificar
			Práctico, útil
			Explicar, educar, dar difusión
			Ser experto
			Desafío intelectual, aprender
			Belleza, elegancia, atractivo

1	2	3	**En las relaciones**
			Ser ejemplo, honestidad
			Generosidad (compartir, preparado para dar)
			Poder y prestigio
			Guiar (inspirar, animar, acompañar)
			Empatía (ponerse en los zapatos de la otra persona)
			Adaptabilidad (adecuarse al entorno)
			Diversidad (personas que piensan distinto)

1	2	3	**Sentimientos**
			Espiritualidad
			Bienestar emocional (sentirse bien con uno mismo)
			Autenticidad, libertad, independencia
			Ilusión, pasión, entusiasmo, alegría
			Seguridad, estabilidad
			Placer
			Optimismo (ser positivo)
			Sentido del humor

Buen trabajo.

Aquí ya tienes tus valores. Seguro que están presentes en:

- ⇒ Esa experiencia cumbre.
- ⇒ En aquel trabajo del que te has sentido orgulloso.
- ⇒ En las personas que admiras
- ⇒ Se pisaban en esas situaciones en las que te sientes incómodo.

Con un poco más que trabajemos en el siguiente apartado ya tendrás mucho avanzando para tu perfil de LinkedIn. Y no sólo para eso, sino para tener claro cuándo decir sí o no a las propuestas que te hagan en la vida. ¿Están o no alienadas con mis valores?

Qué pena que no nos enseñen esto cuando estamos estudiando.

Los valores los incorporaremos al extracto del perfil en el día 7.

RECURSOS ADICIONALES

GUÍAS:

- Guía feliz y rentable (descarga directa sin suscripción): descubrirás por qué te llevas mejor con unas personas que con otras y cómo buscar el equilibrio entre los objetivos de la persona y de la empresa. Personas felices hacen empresas rentables.

ARTÍCULOS:

- Échale valor: artículo de Beatriz G Barbeito. Por qué los valores de la sociedad, los de fuera no son tus valores y no te hacen feliz.

- Qué tiene las personas que nos generan confianza: artículo de Beatriz G Barbeito. Simplemente delicioso. Merece la pena leerlo porque precisamente con confianza generamos relaciones.

- Los cuatro perfiles profesionales que todo equipo debe tener y cómo tratarlos: uno de mis artículos para explicar por qué te llevas bien y menos bien con las personas de tu equipo y cómo debes tratarla.

- Valores: dejarse ganar siempre es lo más cómodo. Un cuento que escribí para explicar cómo descubrir la importancia de los valores. He sido un poco de todos los personajes.

David Díaz Robisco

DÍA 2. MIS OBJETIVOS

«...IR PARA NA' ES TONTERÍA»

Cruz y Raya

Tiempo estimado de trabajo: 30 minutos

CUÁLES SON TUS OBJETIVOS EN LINKEDIN

Ya hemos puesto nombre a nuestros, valores. A todo aquello que nos hace feliz, vibrar, soñar. Lo que nos llena de energía y nos hace ir por la calle con una gran sonrisa y ojos brillantes.

El reto consiste en:

Alinear nuestros valores con nuestros objetivos

Si no te gusta estar con otras personas porque eres especialmente tímido, no creo que entre tus objetivos en LinkedIn esté formar una comunidad muy numerosa. Posiblemente quieras formar una comunidad reducida pero útil con personas que te aportan.

Si te gustan los retos, seguro que quieres atraer a personas que se sumen a tus sueños.

No sólo en LinkedIn, sino en todas las facetas de la vida. ¿Cuántos amigos de verdad tienes? De esos que cuando los has necesitado han estado.

No es importante la cantidad, sino la calidad

Se dice que somos la media de las 5 personas con las que más tiempo pasamos. En LinkedIn, vas a tener muchas oportunidades de relacionarte con personas que realmente sumen. Si hay algo de lo que estoy realmente agradecido a LinkedIn es que atrae a profesionales con los que comparto valores.

Olvídate de ser viral. Además de no ser un objetivo, no es fácil. Incluso si fuese posible, puedes ser visible compartiendo temas generales que no son de tu sector o del interés de tus clientes. ¿De qué te serviría ser viral por un vídeo tipo Facebook de chorradas que nada tiene que ver contigo? ¿o compartiendo memes? ¿O quejándote de la situación económica o de otro tipo de cosas? No aporta nada a tus objetivos, aunque seas viral.

Entre tus objetivos puede estar:

- Buscar nuevos clientes u oportunidades profesionales.
- Atraer talento para tu empresa.

Para conseguirlo:

- Ten claro tu objetivo: en qué quiero ser referente, no sólo por lo que sé sino por cómo lo comparto.
- Construye tu comunidad: entiendo comunidad como personas con las que puedo compartir, hablar, aportar, preguntar y ser preguntado.

Tu tarea

Escribe aquí cuáles son tus objetivos en LinkedIn. Lo más concreto que puedas. Te dejo unas preguntas que te ayudarán a pensar.

¿En qué tema profesional quieres ser referente?

_____

_____

_____

¿Qué tipo de contenido o temas específicos van asociados a ser referente? ¿con qué palabras clave buscarías ese contenido?

_____

_____

_____

_____

¿Qué tipo de profesional quieres atraer? Especifica lo más posible: experiencia, campo de actuación, sus intereses, sus valores, tipo de empresa, su puesto de trabajo, ….

Nos va a venir fenomenal para esa primera línea del extracto que vamos a trabajar el día 6.

TU LEMA - ¿QUÉ OFRECES EN LINKEDIN?

Uno de los máximos problemas es intentar dar coherencia a tu actividad en LinkedIn: publicaciones, recomendaciones y comentarios.

Es fundamental estar alineado: tu persona, con tus objetivos y tus valores.

¿Cómo les vas a hacer la vida más fácil a las personas que te siguen? ¿Qué problema estás solucionando? ¿Qué estás haciendo diferente?

No es fácil responder.

Sin embargo, muchas veces

lo que a ti te sale de forma natural es lo que los demás valoran de ti.

Pregunta a tu familia, amigos y clientes en qué destacas. Será de gran ayuda.

Mi primer lema fue:

La suerte no existe, eres tú quien la trae

Quería transmitir que las personas somos protagonistas de nuestra vida. Usaba este lema en mi extracto y en mi plantilla de bienvenida.

¿Sabes qué? Nunca nadie me dijo qué bien. Me gustó tu frase y me identifico con ella.

Cuando empecé a compartir, casi todos los comentarios indicaban que le gustaba la sencillez, cercanía y autenticidad de mis escritos. En las formaciones, también resaltaban entre mis características diferenciales la facilidad para transmitir.

Así que ahora, mi lema es:

Hacer sencillo lo que parece complejo

Bajo este lema, agrupo las cuatro temáticas sobre las que escribo actualmente: #EnamoraATucliente, #FelizYRentable, #GeneraMasDinero y #LinkedInSencillo. Pero, bajo el mismo lema podrían surgir otras temáticas

Y lo mejor de todo, nunca había sido consciente que ese era mi valor diferencial. Me salía tan fácil, que creía que no tenía ningún valor. Y muchas veces, todo lo que nos sale de forma natural es lo que más se valora de nosotros.

El otro lema sobre la suerte lo he dejado como lema vital mío.

Tu tarea

Seguro que las conclusiones nos pueden ayudar para mejorar con una frase nuestra imagen de fondo (día 5) o en la primera línea del extracto.

Escribe aquí tu lema. Una frase. Nos puede valer bien como primera frase del extracto o bien como texto en la imagen de fondo.

ALINEANDO VALORES / OBJETIVOS Y LEMA

La clave de todo es:

Alinear: valores – objetivos - lema

En mi caso:

- Valores: ayudar haciendo sencillas las cosas para mover a las personas, compartir y mejorar su día a día.
- Objetivos: construir una comunidad de PERSONAS (que aciertan y se equivocan), formar y transformar. Lo quiero hacer a través de contenido (libros, artículos, infografías, podcast vídeos), conferencias, formaciones y mentoring.
- Lema: hacer sencillo lo que parece complejo.

En toda mi actividad en las redes el lenguaje que utilizaré será siempre muy sencillo y que ayude a pasar a la acción. No me verás recomendando ni compartiendo ni participando de temas técnicos o de postureo. No va conmigo.

A lo largo del libro veremos más ejemplos. Desde más a menos comprometidos.

Puedes tener un lema personal como el que tenía yo al principio: la suerte no existe, eres tú quien la trae. No te lo recomiendo. Somos egoístas y queremos conectar con personas que nos aporten algo.

O puedes tener un lema con el que las personas se identifiquen y sea tu pasión y forma de hacer las cosas: haciendo sencillo lo que parece complejo.

Y, por otro lado, está tu lema compartido con los demás y que indique más acción concreta. Este es el que más nos interesa. Lo ideal es que otras personas compartan esa idea:

- Haciendo sencillo lo que parece complejo
- Transformando personas, empresas, mercados.
- Cuidando a los equipos para que cuiden a nuestros clientes.
- Me gusta conectar personas.
- Organizando información para la toma de decisiones.

No hace falta tener una primera frase genérica. Puedes bajarlo si quieres a un nivel más operativo:

- Entiendo las ventas como forma de ayudar al cliente a tomar mejores decisiones.
- Me gusta mucho el trato directo con el cliente.
- Apasionado de la mejora continua.
- Me gusta la comunicación en todos los sentidos.
- … y todo lo que tú te puedas imaginar.

Tu tarea

De las partes más importantes. Que nuestro entorno nos ayude a descubrirnos. Qué es lo que ven de nosotros. Junto con nuestros valores es nuestra parte diferencial.

Nos va a ayudar y mucho a tener un extracto (día 7) donde destaquemos todo aquello que nos hace diferentes y valiosos.

Pregúntale a 3- 5 personas (tu entorno familiar y/o clientes) en qué eres bueno, qué es lo que más aprecian de ti, qué es lo que tu cliente valora más de ti.

Persona 1 -

_____

_____

Persona 2 -

_____

_____

Persona 3 -

Persona 4 -

Persona 5 -

Imagina que han pasado 5 años. Te hacen una entrevista ¿qué cosas te gustaría que destacaran de ti cuando te presentasen?

¿En qué medio sería? ¿Qué es lo que te gusta de ese medio de comunicación? ¿qué tipo de público consume esa información?

Ya le vamos dando forma a qué queremos conseguir en LinkedIn.

Después de estos dos días ya tenemos claro:

Nuestro objetivo en LinkedIn

Qué aportamos de forma diferencial

Toda esta información que hemos recogido en este día será muy importante para:

- Tu titular profesional: día 3, cómo hago las cosas de forma diferente, mi valor diferencial
- Tu imagen de fondo: día 5, me gusta mucho incorporar ahí una frase que nos defina
- Tu primera línea: día 6: mostrar nuestra pasión. Todo aquello que nos gusta hacer.

RECURSOS ADICIONALES

ARTÍCULOS:

- Cómo mola tener un objetivo. Uno de mis artículos donde pone de manifiesto la importancia de mediar y hacer seguimiento.

- Cuánto dinero es mucho dinero. Uno de mis artículos para demostrar que en temas materiales nunca tenemos suficiente, pero estamos vacíos.

- Cuánto vale mi empresa: ¿piensas que tu vida será plena cuando vendas la empresa?

DÍA 3. MI TITULAR PROFESIONAL

MI «ELEVATOR PITCH»

¿En qué dices que trabajas, chato?

Tiempo estimado de trabajo: 30 minutos

Tú eres más que un puesto de trabajo

Hasta los apóstoles tenían su titular profesional

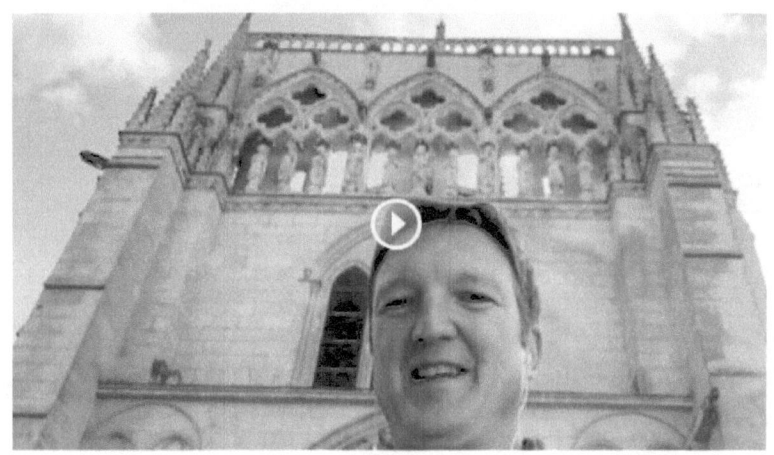

ANTES DE EMPEZAR EN LINKEDIN

ALGUNOS TEMAS TÉCNICOS

LinkedIn como buena red social quieren que estemos «pinchados» el máximo tiempo posible. Además, sabe que somos muy cotillas.

¿Qué hace LinkedIn por defecto? Todos los cambios que realizamos en nuestro perfil, los comunica a la red. Para generar conversaciones.

Como vamos a estar «cacharreando» con nuestro perfil, no está muy bien que nuestra red de contactos esté recibiendo notificaciones de todo lo que estamos haciendo cada dos por tres.

Se puede silenciar. Yo de hecho lo tengo silenciado. Si sucede un hecho importante como premio o reconocimiento, entonces lo activas para esa actualización y lo vuelves a desactivar.

El resto de los cambios, bajo mi punto de vista no son relevantes.

Aquí te dejo un enlace a <u>un vídeo para que puedas desactivar las notificaciones en tu cambio de perfil</u>.

TÚ ERES UN PRODUCTO CLICABLE

LinkedIn es una red social, como las otras. Funciona si interactúas. Esta es la única red donde puedes interactúas 100% sobre temas profesionales.

Y no te olvides, como decía Risto Mejide en OT:

Tú eres un producto

Podrás estar vendiendo productos o servicios, querrás contactar con personas similares, atraer personas con talento para tus proyectos o avanzar en determinados temas.

Siempre estamos vendiendo. Aunque nuestro trabajo no sea comercial. Con la pareja, con los padres, con los hijos, con los amigos.

LinkedIn, como la vida normal, no es diferente. Ya has buceado en tu interior en los dos primeros capítulos. Ahora te voy a ayudar a plasmar toda tu profesionalidad con tu toque personal a la red de LinkedIn.

Tu foto, nombre y apellidos y tu titular profesional están siempre visibles cuando interactúas.

Vamos con algunos ejemplos:

- Cuando recomiendas (al abrir el listado de quién ha recomendado) y comentas:

 David Díaz Robisco
Facilito el aprendizaje para mejorar los resultados implicando a los equipos | Dig...
1 hora

- Cuando compartes:

- Cuando publicas en la plataforma Pulse de LinkedIn:

 David Díaz Robisco
Facilito el aprendizaje para mejorar los resultados impli...
142 artículos

Tu titular profesional, hay que cuidarlo como has visto en el vídeo y como decía la portada de la abuela.

¿Qué estás ofreciendo de forma diferente?

¿Qué está viendo de ti tu red?

A POR NUESTRO TITULAR

TU PROPUESTA DE AMOR

Tienes 120 caracteres. Estamos hablando de tu «elevator pitch». Cuando te pregunte tu abuela, o un niño de seis años, le tiene que quedar claro lo que haces.

Recuerda el vídeo. Puedes ser apóstol. Pero no es lo mismo acompañar en el Camino de Santiago, que abrir las puertas del cielo o que vender a Jesús de Nazaret por unas monedas.

Y con tu puesto profesional pasa lo mismo. Si eres el CEO de Virgin, Tesla, Amazon, Google o Facebook, queda bien ponerlo. El resto tenemos que ser algo más específicos.

La estructura ideal y la que más me gusta es:

- Qué hago: cuál es la finalidad, el ¿para qué?
- Para quién: a quién estás ayudando
- Cómo: cuál es tu valor diferencial
- Palabras clave: si no están en la descripción, las añades al final.

Vamos a ir enganchando el trabajo previo que hemos estado haciendo en los dos primeros capítulos.

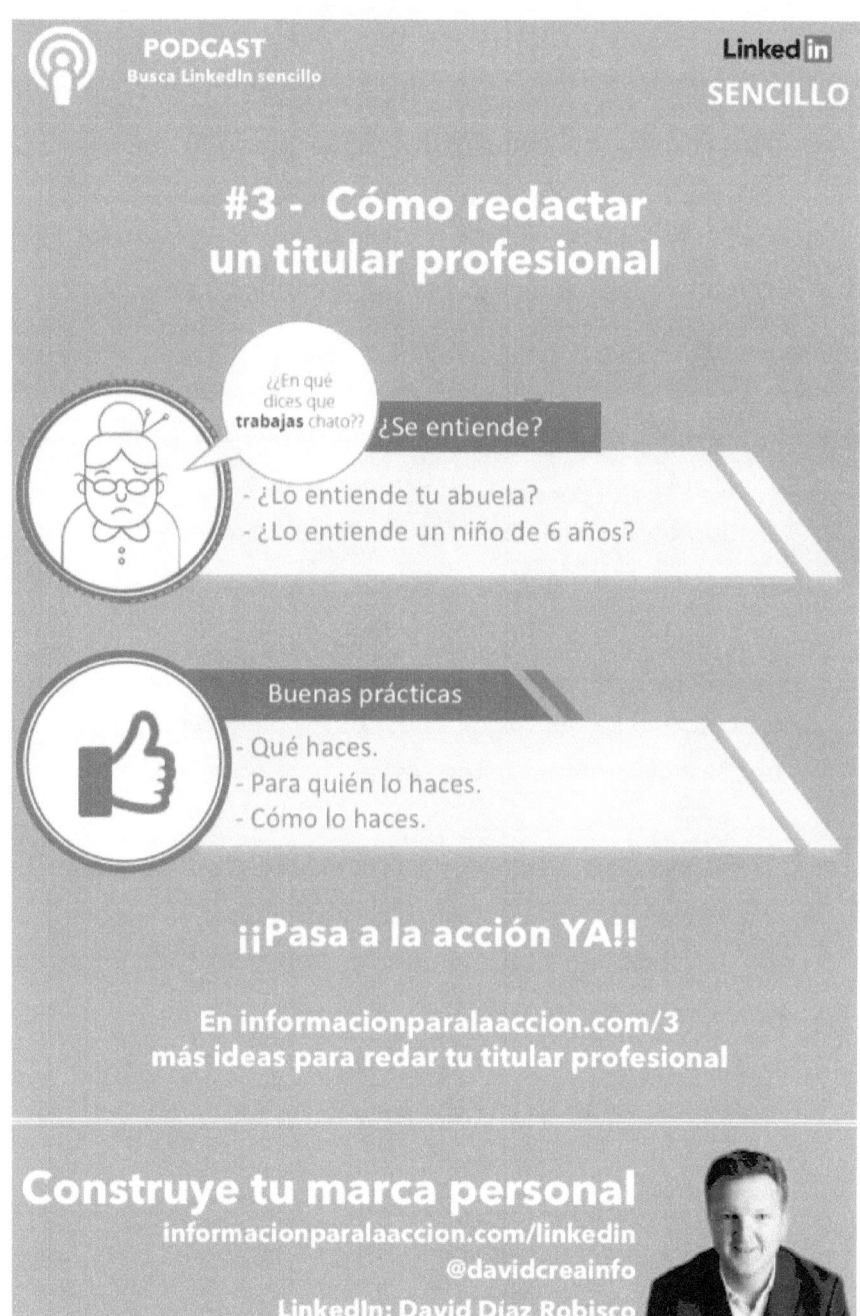

QUÉ HAGO

Repasa tu cuaderno de trabajo:

- De qué te sientes orgulloso ¿Cuál es esa forma de hacer las cosas que va contigo? Justo antes de la tabla de valores.

Hay que buscar el para qué. Eres más que un puesto de trabajo. Todo lo que haces tiene una finalidad.

- En el área comercial o marketing puedes trabajar para fidelizar clientes, crecer en la base de clientes, lanzar nuevos productos, facilitar la experiencia de usuario, abrir nuevos mercados, solucionar un problema de tu cliente (detállalo). Seguro que se te ocurren muchas cosas.
- Si estás en el área financiera puedes trabajar para dar exactitud y coherencia a los datos, facilitar la toma de decisiones, ahorrar costes, trabajar por objetivos, alinear los esfuerzos, …
- Si trabajas en recursos humanos puedes aumentar la motivación de los equipos, planificar los planes de carrera, atraer el talento adecuado, exactitud y cero fallos en las nóminas, …
- Si trabajas en operaciones puedes ahorrar costes, aumentar la productividad, planificar las inversiones, liderar equipos de mejora, …
- Si eres CEO tendrás un sueño de transformar la sociedad en la que vives de alguna forma, mejorando o incorporando o siendo único en lo que haces.

Para el titular profesional te propongo que uses verbos de acción. Los puedes poner en infinitivo o en gerundio:

Para tu titular usar verbos de acción (gerundio o primera persona)

- Ayudando / Ayudo
- Aportando / Aporto
- Solucionando / Soluciono
- Transformando / Transformo
- Liderando / Lidero
- Mimando / Mimo
- Creando / Creo
- Colaborando / Colaboro
- Facilitando / Facilito

CÓMO LO HAGO

En tu cuaderno de trabajo repasa:

- Echa un vistazo a tus valores en el capítulo 1. Qué hay presente en todo lo que haces.
- En el capítulo 2 mira qué es lo que más valoran de ti.

Aquí viene nuestra parte diferencial. Lo que muchas veces nosotros no nos damos cuenta porque no nos cuesta trabajo, y sin embargo los demás están valorando de nosotros.

Para esa finalidad que hemos visto en el punto de qué hago ¿qué herramientas o forma de trabajar estás utilizando? Alguna palabra clave tiene que aparecer en tu titular profesional.

¿por qué términos te gustaría aparecer en las búsquedas?

PARA QUIÉN LO HAGO

En tu cuaderno de trabajo repasa:

- A qué tipo de profesional quieres atraer. En el Día 2 tienes tus objetivos en LinkedIn.

Aquí puedes definir un sector específico, o por tamaño (desde gran empresa hasta autónomo).

Ten un tema muy claro. Hagas lo que hagas:

No vas a gustar a todo el mundo

Los profesionales que elijan entre en contacto contigo, ya tienen que saber con qué tipo de persona se van a encontrar.

EJEMPLOS QUE TE VAN A INSPIRAR

Todos los ejemplos están referenciados a su perfil en LinkedIn. Está el pantallazo, pero puede que el titular profesional evolucione a lo largo del tiempo y cuando lo vayas a visitar haya cambiado.

Mucho cuidado en el titular profesional con poner adjetivos que dan lugar a la subjetividad. No soy partidario de usar:

- Influencer: a mí personalmente, no me gusta trabajar con ese tipo de personas. Quiero personas reales. Y el apelativo, te lo tienen que poner los demás. Los que sí es objetivo es decir que están en el TOP 10 del ranking de XXX (que sea reconocido). En ese ranking te han puesto otros, no tú. Así que, si no estás en ningún ranking, mejor evitar esa palabra.
- Especialista: ten claro que siempre hay alguna persona mejor que tú. Personalmente, tampoco quiero especialistas, quiero persona que me ayuden a mí.

Huye de todas las palabras de postureo y perfume innecesario. Sé objetivo y sobre todo que tu titular exprese:

Cómo vas a ayudar a los demás

Vamos a por esos ejemplos.

RECURSOS HUMANOS

Su puesto actual en Randstad es HR Change Manager. Y sin embargo fíjate cómo ha logrado tener un titular profesional atractivo. Vamos, que apetece contactar con ella para preguntar cómo lo hace:

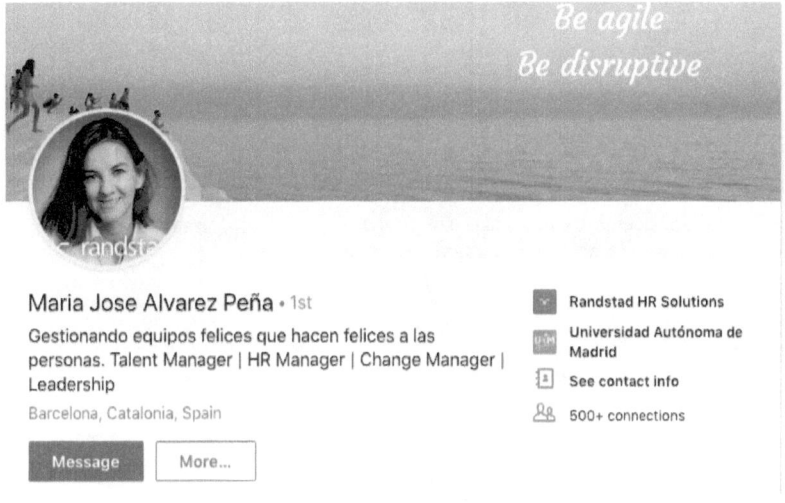

- Qué hago: Hacer felices a las personas.
- Cómo lo hago: gestionando y liderando equipos, atrayendo talento
- Para quién lo hago: trabaja dentro de la empresa Randstad
- Palabras clave de búsqueda: al final. El titular llama la atención y después ves su especialidad.

¿A que te apetece preguntarle cómo lo hace?

VENTAS

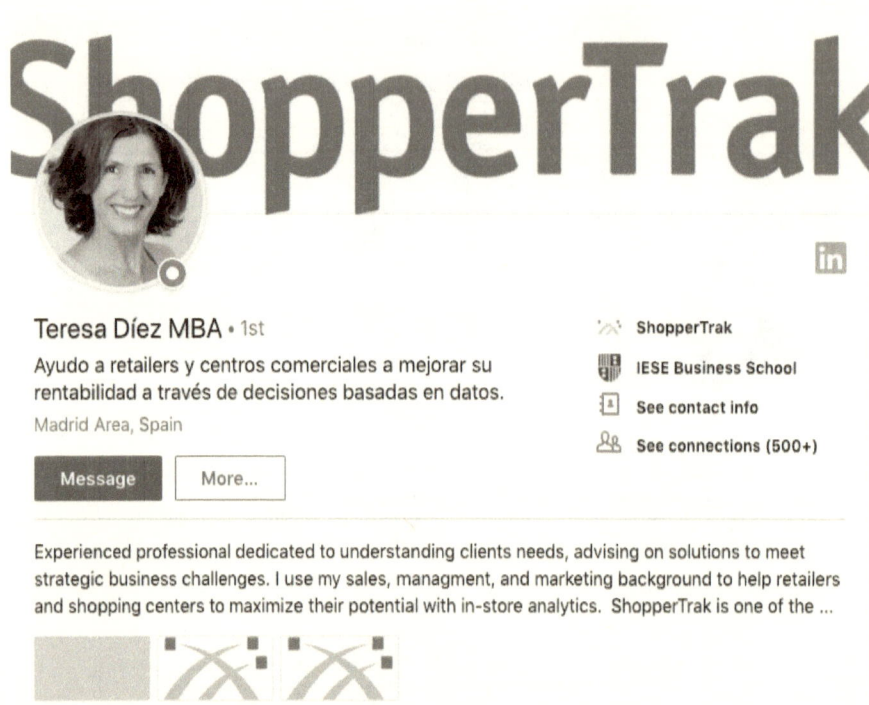

- Qué hago: Ayudar a tomar mejores decisiones.
- Cómo lo hago: ROI, KPI, analítica.
- Para quién lo hago: retail

En un mundo donde cada vez hay menos diferenciación es muy importante detallar o despertar el interés de por qué contigo. Ir mucho más allá de tu puesto de trabajo.

PROFESOR UNIVERSITARIO

Pedro, fue cliente de mentoría. Pasamos de un titular profesional convencional:

Pedro Sánchez Ortega
Ingeniero: Profesor en la Universidad de Burgos
2 semanas · Público

A uno que refleja más exactamente lo que hace y sus inquietudes. Además de profesor, trabaja desde la Universidad (coordinando empresas que se preocupan de la RSC con alumnos de varios departamentos y facultades) para dar soluciones a la discapacidad.

Siempre le gustó la parte humana de los proyectos y favorecer la participación y las distintas visiones (salió en la parte de valores).

OPERACIONES / VENTAS

Mireia Garcia Roca • 1st

Liderando la transformación digital desde la experiencia de cliente. Directora de Innovación

Barcelona Area, Spain

- Qué hago: Transformación digital.
- Cómo lo hago: liderando, desde la experiencia de cliente e innovación
- Para quién lo hago: trabaja dentro de la empresa.

Hay muchos perfiles donde se incluye la tan de moda palabra "Transformación digital". Sin embargo, aquí Mireia da un pasito más y lo centra en la experiencia de cliente y en la innovación.

FREELANCES

- Qué hago: Potenciar equipos de empresa
- Cómo lo hago: A través neuroproductividad
- Para quién lo hago: Empresas y CEO

Por un proyecto que tengo en común con él, doy fe que su promesa de titular de potenciar equipo y aprovechar el tiempo se cumple en la realidad. Aquí te dejo su testimonio de cómo usa LinkedIn para que le de resultados.

CEO

Una nueva forma de usar los acrónimos en los titulares. Es otra forma de ser diferente.

- Qué hago: Creo y ayudo a crear Empresas y Oportunidades. Qué original, ha cambiado el significado de CEO.
- Cómo lo hago: la asociación y conferencias.
- Para quién lo hago: Emprendedores y Pymes

MARCA PERSONAL

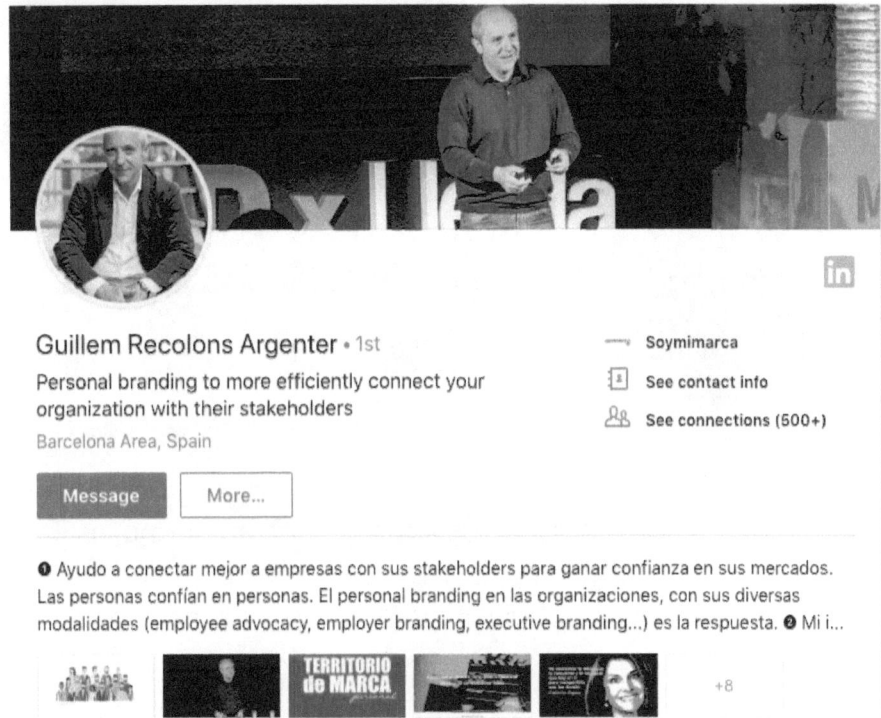

- Qué hago: Conectar empresas con sus stakeholders
- Cómo lo hago: a través de la marca personal.
- Para quién lo hago: para empresas

Junto con Eva Collado Durán uno de mis referentes en España de marca personal sin ninguna duda. Más adelante, en los recursos de este capítulo te dejo enlace a su blog.

INTERIM MANAGER
FINANZAS

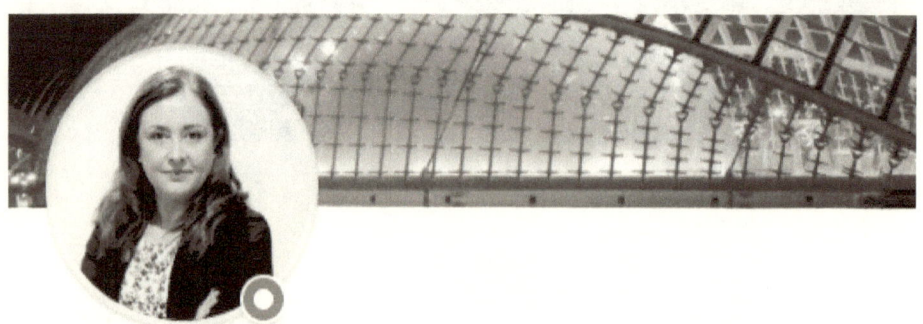

Lola Castillo García • 1st

Mi pasión es ponerle números a tu visión. Transformo las áreas de administración y finanzas en la mejor versión, en el socio estratégico que necesita tu negocio. Planificación Financiera.

Valencia, Valencian Community, Spain

- Qué hago: Planificación financiera transformando administración y finanzas.
- Cómo lo hago: con pasión, poniendo números a la visión
- Para quién lo hago: empresas

Aquí os dejo el testimonio de Lola de cómo utiliza LinkedIn:

"Sobre mi testimonio personal, decirte que como tu estoy de acuerdo que el perfil no es suficiente, hay muchísimos profesionales en la red, en mi caso lo que está funcionando en LinkedIn es hacer publicaciones cortas sobre un tema en el que aporto mi opinión, siempre acompañando de una foto.

A raíz de este hecho, aparte de conseguir muchas visualizaciones más que seguidores. He conseguido 2 de los 3 clientes que tengo, las publicaciones dieron una visión profesional de mí, que genero la suficiente confianza para generar un primer contacto, a partir de ahí, el cara a cara, y a trabajar.

FINANZAS (otro ejemplo)

Federico Tost • 1st

Controller en Grup Transpal. Aporto soluciones para mejorar la gestión y la rentabilidad de nuestro Grupo.

Barcelona Area, Spain

- Qué hago: Mejorar la gestión y la rentabilidad.
- Cómo lo hago: a través del control de gestión.
- Para quién lo hago: su empresa Transpal .

Otro ejemplo de finanzas. El trabajo que realizamos va más allá de poner una "x" en las tareas para decir que hemos cumplido con lo que se nos pedía.

En este caso de nada vale hacer informes si no sirven para dar soluciones o mejorar la rentabilidad.

OPERACIONES (INTERIM MANAGER)

Xabier Balda

Fue cliente de mentoría y enfocamos su titular profesional a los beneficios que ofrece y ha demostrado como interim manager:

Xabier Balda Arana • 1st

Mejorando la rentabilidad en la PYME industrial centrado en las actividades clave | Productividad | Costes | Ventas

Pamplona Area, Spain

- Qué hago: Mejorar la rentabilidad.
- Cómo lo hago: centrado en las actividades clave de productividad, costes y ventas
- Para quién lo hago: PYMEs

SOFTWARE

Yolanda Benito • 1st

Aporto soluciones ERP para mejorar la rentabilidad de las empresas y potenciar su crecimiento | Sage X3

Madrid Area, Spain

- Qué hago: Mejorar rentabilidad y potenciar crecimiento
- Cómo lo hago: Aportando soluciones ERP (Sage X3)
- Para quién lo hago: empresas que tengan esas necesidades

Cuando el cliente no puede diferenciar de forma fácil qué implantador puede aportar mejores soluciones, la respuesta nunca es la herramienta, sino el para qué hacemos las cosas.

IDEAS DE FINALIDAD EN EL TRABAJO

Para pasar del puesto de trabajo a los objetivos que estamos realizando, aquí te dejo una tabla que espero te pueda inspirar a darle un sentido a tu trabajo:

DEPARTAMENTO	OBJETIVOS
Ventas	- Maximizar clientes y ventas rentables. - Aportar soluciones para hacerle al cliente la vida más fácil.
Operaciones	- Mejorar todos los procesos de forma rentable para ofrecerle un producto o servicio al cliente que le haga la vida más fácil. - Contacto permanente con ventas para optimizar los recursos de la empresa
Finanzas	- Maximizar la liquidez de la empresa. - Proporcionar a todos los departamentos la información adecuada para la toma de decisiones.
Recursos Humanos	- Maximizar el rendimiento de las personas. - Que estén contentos las personas y que hagan felices a los clientes.

¿Y SI HAGO DE TODO?

LEARNING LEGENDARIO

Esas son las personas que más me apasionan. Porque detrás de todo lo que hacen, y si has hecho los capítulos 1 y 2 de este libro, ahí tienes los valores, tu hilo conductor.

Te voy a poner el caso de uno de mis clientes de mentoría.

Situación inicial:

Persona apasionada del marketing, muy contento en la empresa donde trabaja.

También le gusta el aprendizaje. Y hacerlo de una forma diferente donde el protagonista sea el alumno. De hecho, en sus ratos libres crea su blog personal y su podcast en learning legendario.

El tema de valores es un tema muy personal que no vamos a tratar aquí, pero decirte que sí encontramos ese hilo conductor que daba sentido a todas las cosas que iba haciendo profesionalmente y que además le hacían feliz.

El cambio de su titular fue:

Experiencias innovadoras es lo que unía todo, su trabajo y sus hobbies.

- Qué hago: marketing y aprendizaje participativo
- Cómo lo hago: experiencias innovadoras
- Para quién lo hago: trabaja dentro de la empresa
- Palabras clave: no estamos acostumbrados a buscar por aprendizaje y sí por formación, igual que se incluye el área de especialidad Medical Devices.

Hemos cambiado crear valor por algo concreto

¿PONGO O NO PONGO MI PUESTO DE TRABAJO?

Si quieres que otros profesionales sepan que tienes capacidad de decisión, que tu palabra tiene peso, entonces sí lo pondría. Incluso al principio. Además del puesto también hay que explicar de forma muy clara lo que haces y cómo ayudas.

En este Marisa utiliza LinkedIn como herramienta complementaria de su labor comercial. De esta forma se asegura que sus clientes potenciales, cuando revisan su perfil de LinkedIn vean algo más que un puesto de trabajo. Vean a la persona, la empresa, sus valores y la forma de trabajo.

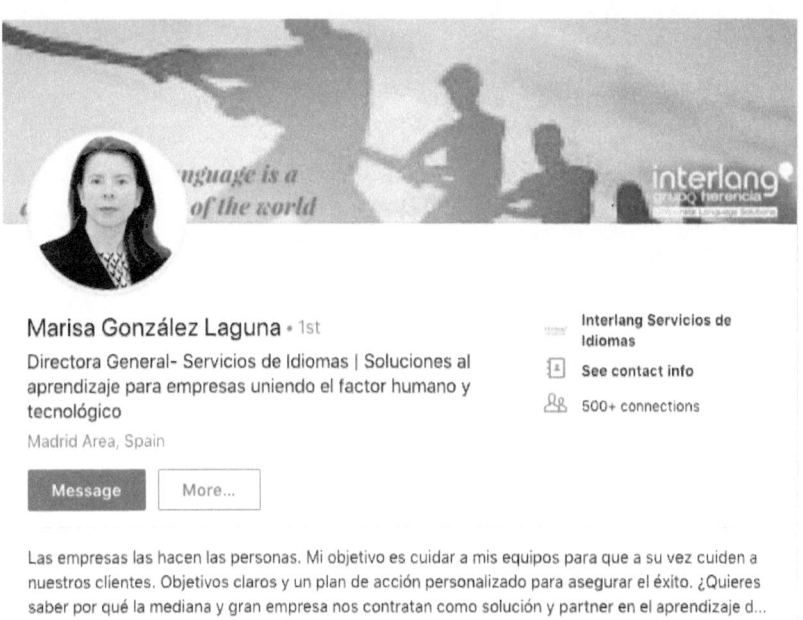

El nombre de la empresa no soy partidario de ponerlo en el titular. LinkedIn ya lo pone debajo de tu titular profesional. Hay un apartado especial en este libro de cómo realizar un perfil de empresa.

SOY ESTUDIANTE ¿QUÉ PONGO?

Pon tus estudios y a lo que te quieres dedicar.

Mucho ojo con tu titular profesional. Me comentaba una persona que ayuda a sus alumnos universitarios con su perfil que uno de ellos había puesto:

Telecomunicaciones | Soluciones Tecnológicas | Atención al cliente

Todas las ofertas de empleo que estaba recibiendo iban dirigidas a ventas (por atención al cliente) pero no a la parte de tecnología.

Solución: Quitar de su titular la parte de atención al cliente para recibir ofertas relacionadas con tecnología.

Telecomunicaciones | Soluciones Tecnológicas

ESTOY EN BUSCA DE NUEVAS OPORTUNIDADES

Hay personas que en el titular profesional ponen directamente "En búsqueda activa de empleo". A mí, personalmente como titular profesional no resuelve mis dudas:

- ¿De qué quieres trabajar? ¿Cuál es tu especialidad?
- ¿Cuál es tu valor diferencial?

Hay un acrónimo que sí puedes incluir en tu titular profesional y por el que se hacen búsquedas y es #ONO (Open to New Opportunities). Muchísimas gracias Pablo Lewin por descubrirme este acrónimo y su utilización.

Personalmente lo situaría al final del titular para que apareciese en los buscadores, pero seguiría poniendo en mi titular profesional qué hago, cómo lo hago y para quién lo hago.

Yo no soy un especialista en ayudar a las personas a buscar nuevas oportunidades laborales. Desde mi conocimiento te recomiendo seguir a Jessica Buelga Pérez y Elena Arnaiz Ecker.

Te dejo también aquí algunos recursos más:

- El grupo "Ayuda para encontrar empleo de Linkedin" de Nico Cotelo.
- El blog de Begoña Méndez-Aguirre Crespan https://exprimiendoempleo.com/
- El curso gratuito de Leo Piccioli para encontrar empleo: http://bit.ly/leotrabajo

TE TOCA. ¡MANOS A LA OBRA!

Ya tienes que ir a por esos 120 caracteres. ¿Lo tienes claro?

Tu tarea

Ya tenemos mucho avanzado de los días anteriores. Se trata de que eches un vistazo al Día 2: Tus objetivos en LinkedIn y también a la parte del Día 2: Tus valores diferenciales y ya tienes mucho avanzado.

¿Qué haces? Recuerda que tú eres más que un puesto de trabajo. Repasa tus objetivos en LinkedIn (Día 2 - Tus objetivos en LinkedIn) y el capítulo del libro. Escribe sin problema, luego ya quitaremos.

_____

_____

_____

_____

_____

¿Para quién lo haces? ¿Quién es tu cliente? ¿Es un profesional? ¿Es una empresa? ¿Atraes talento? ¿Qué tipo de profesionales, personas, talento? ¿Cómo son? ¿Cuánto dinero tienen? ¿Qué les gusta hacer?

¿Cómo lo haces? ¿Cuál es tu valor diferencial? Dale una vuelta al Día 2 y tus valores diferenciales. Si no sale mucho de ti y de tu forma de hacer las cosas, puedes incluir las herramientas, tecnología o procedimientos que utilizas para conseguirlo. Seguro que te ayuda repasar lo que dicen de ti. Día 2 - Tus valores diferenciales

A redactar tu titular profesional. Ojo que son 120 caracteres. Aquí te dejo la chuleta para incluir este tipo de verbos. Inspírate en todos los titulares profesionales que te he dejado en el libro. Repasa todos los ejemplos del libro que te van a inspirar y mucho.

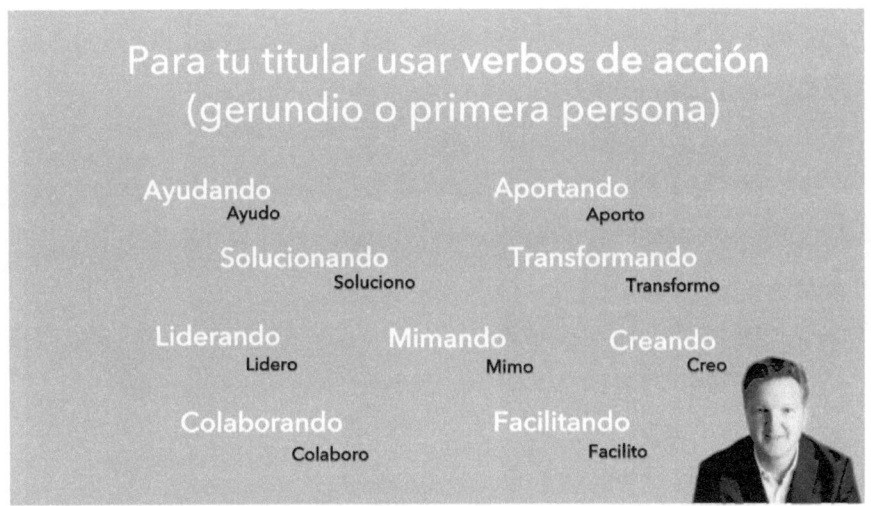

Aquí tu titular con los 120 caracteres (mídelo antes de pasarlo a tu titular con la herramienta de contar caracteres).

....

....

....

REPASO

Vamos a confirmar que tienes un buen titular profesional.

Repasamos:

- ¿Tienes verbos en tu titular de acción? ¿en infinitivo o primera persona?
- ¿Indicas qué haces, el fin último, el para qué?
- Hay en esa descripción alguna de las palabras claves por las que te pueden encontrar haciendo búsquedas.
- Para quién lo hago: si trabajas internamente en una empresa quizá no sea tan necesario.
- ¿Lo entiende un niño de seis años o tu abuela?
- ¿Despierta curiosidad como para seguir leyendo? Recuerda, somos muy curiosos.
- ¿Es verdad lo que has puesto? Sé realista, lo que haces de verdad. No exageres ni le pongas demasiado perfume. Asegúrate que no hay palabras como influencer o especialista.

¿Te sientes a gusto con tu titular profesional?

Si alguien te pregunta ¿qué haces? ¿a qué te dedicas? o cuando te presentas a un cliente, proveedor o simplemente en una charla, ¿puedes usar este titular profesional?

NO HAGAS TRAMPA CON EL NOMBRE Y APELLIDOS

NO HAY ATAJOS

No hay atajos ni fórmulas mágicas para salir en el SEO delante de otros profesionales.

Los profesionales no sólo tenemos que tener una buena presencia física (el escaparate de nuestro perfil en LinkedIn), sino que también tenemos que transmitir valores, nuestra esencia cuando hablamos con otras personas (el contenido en LinkedIn).

Nuestra huella la dejamos con nuestro perfil y nuestro contenido. Tendrás nociones de cómo compartir contenido en la parte de bonus.

¿Y todo esto a qué viene?

LinkedIn tiene unas normas que hay cumplir. Puede aparques tu coche en zona prohibida. Y puede que:

- No pase nada.
- Te multen.
- La grúa se lleve tu coche.

Si aparcas bien vives mejor. Y si cumples las normas de LinkedIn, también vives mejor. Si no, te puedes exponer a que te baneen la cuenta.

QUÉ PONER EN EL NOMBRE Y APELLIDOS

Tan fácil como poner nombre y apellidos. Nada más y nada menos. No te compliques mucho más.

Esto no es el DNI. Usa tu nombre como se te conozca profesionalmente. Piensa en cómo te van a buscar:

- Si en tu DNI pone María Rosa, pero todo el mundo te conoce como Rosa, pues pon Rosa.
- Si te llamas José Francisco, pero todo el mundo te llama Fran, usa Fran o pones José Francisco (Fran) en la parte de nombre.
- Recomiendo siempre poner los dos apellidos, pero mucho más si tu nombre y primer apellido son comunes. Ponte a buscar "David Díaz" sin más referencias. Sólo en mi red de primer contacto somos 4. ¿A quién elijo si no sé muy bien qué David Díaz estoy buscando? Con el segundo apellido es mucho más fácil diferenciarnos.

Aquí te dejo un ejemplo de uno de los números 1 en social selling Timothy (Tim):

Si tienes un apellido que no sueles usar profesionalmente por los motivos que sea, úsalo como lo haces normalmente. Mi compañera poner "Beatriz G Barbeito", y no pone "Beatriz García Barbeito".

¿QUÉ ESTÁ PROHIBIDO?

Nada de identidades falsas, ni de nombres comerciales **ni usar un perfil personal como página de empresa**. Para eso existen páginas de empresa. Puede que incumplas y no pase nada. O puede que sí. Yo prefiero dormir tranquilo.

Viveka (Vivica) Von Rosen en uno de sus libros comentaba que fue a un entrenamiento de LinkedIn y la persona que impartía el curso le recomendó poner su palabra clave (LinkedIn expert) después de su apellido. El resultado fue que LinkedIn la baneó.

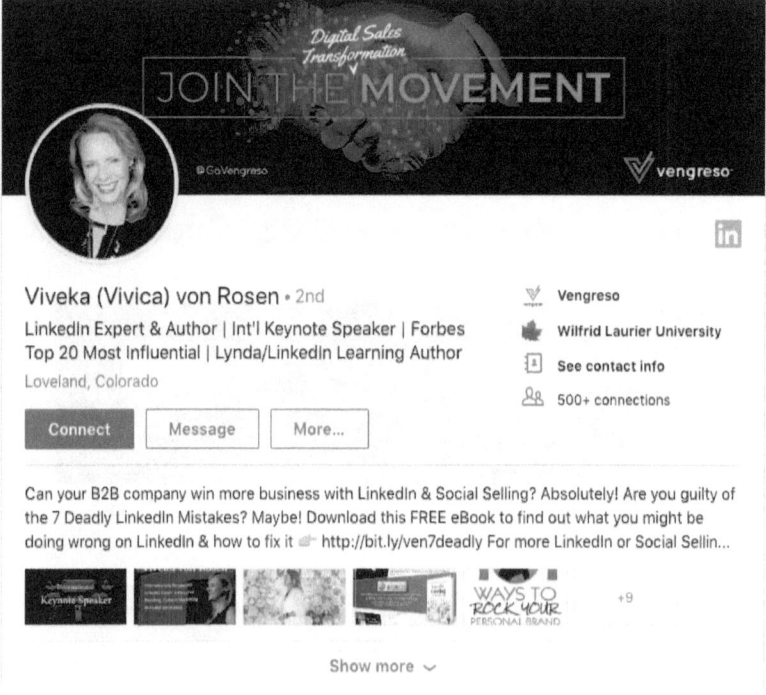

Como puedes ver Viveka no es un don nadie. De hecho, ahora ella también da formaciones en nombre de LinkedIn y también trabaja para Vengreso.

Quien dice no poner la especialidad, dice no poner número de teléfono, dirección de mail, caracteres especiales o temas similares. Te pueden banear la cuenta.

Además, escribir tu nombre con caracteres especiales, no sólo los emoticonos, sino también con caracteres Unicode pueden dificultar tu búsqueda: ★, ✓, ✎, ♛, ♞, ✌, ☂, ☑, ☺

Si, por ejemplo, pusiese las iniciales de mi nombre y apellidos, por hacer la gracia de hacerlo más visual con letras especiales, lo que conseguiría es que no me pudiesen nombrar, ni buscar en ninguna publicación:

Así no hay quien te encuentre:

★ Ðavid Ðíaz ℛobisco ★

Ya iremos viendo más adelante cómo podemos hacernos más visible sin hacer trampas. Pero en el nombre y apellidos no. Para poner tu especialidad ya hemos visto que tienes el titular profesional. Y veremos más sitios.

Tu tarea

Mira tu perfil de LinkedIn
Día 3 - Nombre y apellidos

⇒ Pones tu nombre y dos apellidos (puedes usar paréntesis para diminutivos o nombre por el que se te conozca).
⇒ No usas caracteres especiales, ni pones tu especialidad, ni tu mail ni tu número de teléfono.
⇒ No usas una página personal como página de empresa.

RECURSOS ADICIONALES

LIBROS:

- Tim Hughes & Matt Reynolds: Social Selling: Techniques to influence Buyers and Changemakers: para saber más del social selling y la nueva forma de venta digital.

GUÍAS:

- 8 errores que cometí en LinkedIn: la guía de la que te he hablado en este capítulo de Viveka Von Rosen y a la que tienes acceso desde su página principal con suscripción.

ARTÍCULOS:

- Qué pasa en LinkedIn que todo el mundo es CEO, excelente artículo de Guillem Recoloms sobre el exceso del perfume y cómo hay que hacer un titular profesional. Desde aquí podéis seguir su blog. Muy recomendable.

- Por qué abrir una página de empresa: en este artículo explico cómo abrir una página de empresa. Si tienes un perfil personal como página de empresa, cómo traspasar los contactos.

VÍDEOS:

- Cómo desactivar las notificaciones

- Cómo nombrar en una publicación.

- Cómo poner el titular profesional.

DÍA 4. MI FOTO DE PERFIL

TU MARCA PERSONAL EN TU FOTO

Tiempo estimado de trabajo: ir al fotógrafo + 10 minutos

David Díaz Robisco

Sé tú mismo en la foto

Que se te pueda reconocer en el mundo real

QUÉ COMUNICO CON MI FOTO

¿ERES TÚ?

Tu foto de perfil tiene que reflejar tal y como eres. Ten en cuenta que **el objetivo de estar en LinkedIn es pasar del plano virtual al plano real**.

Puede ser una llamada telefónica (ahí la foto no importa). Pero al final, por Skype o por una reunión física, van a ver tu cara real.

Imagínate en otro contexto que has conocido a tu pareja a distancia por foto. El día que os encontráis por primera vez no la reconoces. Pierdes toda la confianza en todo lo que te haya contado.

Si en la foto te sientes engañado,

¿en cuántas otra cosa no te habrá engañado?

La foto tiene que reforzar tu marca personal. Tiene que servir para:

- Reflejar tu forma de ser.
- Que puedas ser identificado con facilidad en momentos presenciales o incluso virtuales (emisiones en directo).
- Que invite a conectar contigo y a inicia conversaciones.

Cuando se ve una foto hecha por un fotógrafo profesional, que no hay muchas, anima mucho a conectar. Piensas, esta persona merece la pena. Cuida hasta el último detalle.

Una foto descuidada puede transmitir que te interesan muy poco los detalles y que no trabajas de forma excelente. Entonces, estarás atrayendo también a ese tipo de gente. Tanto si quieres cambiar de puesto de trabajo, como si quieres conseguir clientes, o atraer talento.

Dale la vuelta al tema.

Si transmites una imagen cuidada, atraerás a personas que valoran esos aspectos.

NORMAS GENERALES DE LA FOTO

De todo lo que he leído y visto sobre las fotos en LinkedIn hay varios aspectos que me han gustado para poner en práctica de una forma sencilla:

MIRAR AL FRENTE Y SONREIR

Que la persona que te vea le dé la sensación de que le miras a los ojos. Como si estuvieses delante suya. Si sales sonriendo, generarás más confianza. Si no eres mucho de sonreír, pues sonríe sólo un poco.

DISTANCIA DE LA FOTO

Hay varias recomendaciones. La más general es asegurar que sale la cabeza y los hombros completos. Y si quieres una distancia mayor, se dice que si se ve mucho más que tus codos estás demasiado lejos.

FONDO DE LA FOTO

A mí personalmente me gusta que sea neutro o de un color plano.

La ventaja: en cualquier programa puedes quitarle el fondo y queda muy bien para cualquier tipo de presentación tu foto en silueta. Por ejemplo, si te invitan a una charla o un programa, siempre tienes una buena foto y de calidad disponible.

ILUMINACIÓN

Que te la haga un profesional. Si la foto no tiene ningún tipo de sombra, queda tipo «fotomatón», No sé por qué, pero es un quiero y no puedo.

CÓMO VERSTIRNOS / MAQUILLAJE

Me decía una profesora que nos daba RRHH cuando estudiaba una frase que no tiene la misma sonoridad en español:

Dressed for success

Viene a decir algo así como viste para el éxito. Y eso es aplicable a la ropa, el maquillaje, la peluquería, que te sientas bien, importante, con seguridad.

INCLUIR O NO EL LOGO DE TU EMPRESA

Si tu empresa te está pagando la foto, no te queda más remedio que poner el logo o llevar la ropa corporativa de empresa. Pero si puedes elegir, preferiblemente sé tú mismo. Para todos los temas corporativos está la imagen de fondo de LinkedIn (lo que aparece detrás de la foto). Lo veremos en el capítulo 5. A mí me gusta más el logo en la imagen de fondo.

ASPECTOS TÉCNICOS

Hasta 8 Mb y entre 400 x 400 y 20.000 x 20.000 píxeles.

CÓMO ME HICE YO LA FOTO DE LINKEDIN

MI foto de LinkedIn la hice en una sesión de fotos porque quería tener también fotos para mi página web.

Pero ese día me ducho antes de la sesión de fotos, me ducho (para sentirme bien), voy a la peluquería y me pongo la ropa con la que me siento más a gusto para ir a trabajar.

¿Te maquillas normalmente? Estupendo.

No lo haces, pero crees que con un pequeño toque saldría mejor. Hazlo.

Yo soy muy blanco. Un poco de maquillaje antes sí que utilicé, y cuando grabo vídeos, también lo suelo hacer. Hay que salir bien, pero manteniendo tu naturalidad.

QUÉ NO ES UNA FOTO DE PERFIL

A continuación, paso a detallar algunas situaciones y fotos que en mi opinión no son apropiadas para el perfil:

- No es la foto del día de tu boda o a una boda a la que fuiste especialmente elegante.
- No es la foto de un día que saliste de marcha con los amigos.
- No es la foto del día de tu graduación.
- No es la foto de un día en familia o con miembros de tu familia (mujer, hijos, mascotas).
- No es un «book» para que salgas como un modelo mirando para un lado para quedar más sexy.
- No es una foto en la que no se te reconozca, o con la cara tapada, o con gafas de sol.

Y además LinkedIn en su normativa de fotos avisa que no deben usarse en la foto de perfil logotipos de empresa (se entiende que sólo el logotipo), paisajes, animales, palabras o frases. LinkedIn no es WhatsApp ni tampoco es la página de empresa. Es una página para personas profesionales.

Curso de LinkedIn: 10 días para tener un perfil con huella

EJEMPLOS DE FOTO DE PERFIL

FOTOS ESTÁNDAR

La referencia en español en LinkedIn y social selling para mí en LinkedIn es Alex López. Te recomiendo seguirle. Su foto es de cabeza y hombros.

Y esta foto, es una foto que va desde la cabeza hasta los codos. Se dice, que si se te ven más que los codos, estás lejos.

FOTOS NO ESTÁNDAR

Como hay que ir vestido como vas a trabajar, aquí os dejo otro tipo de foto por si también os pueden inspirar:

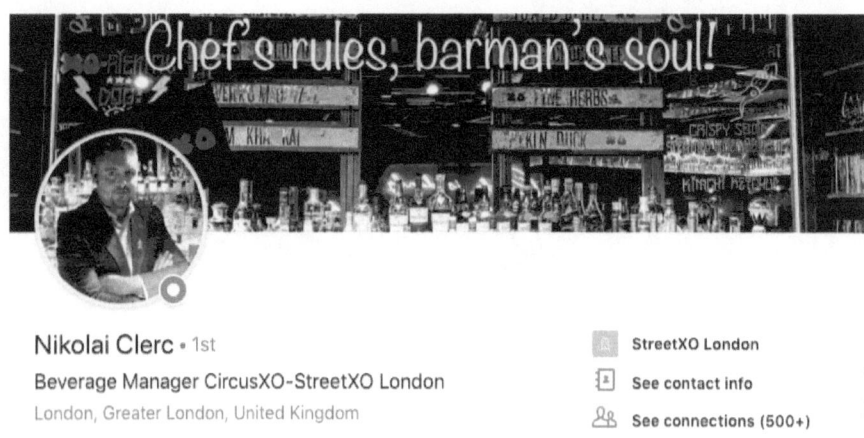

CUÁNTO ME CUESTA

Te voy a ir dando varias alternativas. Desde cero a foto profesional que en 2017 puedes tenerlas por 50 - 75 euros (precios 2018 España).

USAR FILTROS DE LINKEDIN

No hace mucho tiempo, LinkedIn incorporó a sus funcionalidades (tanto de ordenador como de móvil) la utilización de los filtros.

Si te has hecho la foto con tu móvil porque para tus objetivos es más que suficiente, prueba a utilizar los filtros que te propone LinkedIn. Además, desde allí puedes cortar tu foto, hacer zoom y ajustar otros indicadores como brillo, saturación y contraste.

Te dejo en este enlace un tutorial muy sencillo lanzado por LinkedIn.

FOTÓGRAFO PROFESIONAL

Aquí tienes de todos los precios y todas las opciones. Todo depende de lo que te quieras gastar. Tienes una opción básica por 25 euros, pero yo te recomiendo que des el salto a los 50 / 75 euros y te hagas las fotos en un estudio.

¿Por qué una foto profesional? Aquí os dejo un ejemplo visual de cómo cambia una foto de perfil con o sin foto profesional.

Y ojo, que la foto no profesional, si no tuviésemos para comparar la nueva no estaría mal. Pero el cambio, merece la pena. Te pongo el ejemplo de Laura Gil García. A su imagen de fondo que transmiten experiencia en transformación digital y retail, le va mucho mejor para transmitir ese mensaje una foto profesional.

Antes

🕸 Laura Gil Garcia

Retail & Digital | Helping companies drive digital transformation into value

Magideva • The Valley Digital Business School

Las Rozas de Madrid, Madrid, España • Más de 500 👥

Enviar mensaje

Senior executive, interested in omnichannel and seamless integration projects where online and offline worlds converge. Wide experience in Retail & Digital, generating value through team building, processes optimizat... Ver más

Después

🍀 Laura Gil Garcia • 1er

Open for a new challenge | Retail & Digital Executive helping companies drive digital transformation | Salesforce Cert

Magideva Consulting • The Valley Digital Business School

Las Rozas de Madrid, Madrid, España • Más de 500 👥

Enviar mensaje   Más...

Senior executive, interested in omnichannel and seamless integration projects where online/offline world converge. Wide experience in Retail, Digital and Trade Marketing, generating value through team building, processes optimiz...

TÍPICOS SITIOS DONDE TE HACES LA FOTO DEL DNI

Hay que pedir que te saque cabeza y hombros, o desde a cabeza hasta los codos y que te lo de en formato fichero. ¿Qué te puede costar? ¿20 euros? Yo prefiero la foto con calidad y que me coja más parte del cuerpo. Luego al subirla a LinkedIn elijo si hacer o no hacer zoom.

- Tendrás una buena foto, con un fondo neutro y con buena iluminación.
- En este tipo de fotos, lo que no me gusta es que las fotos salen completamente planas, sin sombras y casi sin relieve. Para dar el siguiente paso hace falta hacérselas en un estudio fotográfico.

FOTÓGRAFO CON ESTUDIO

Buscando en Google por los términos que te pongo a continuación o similares, ya te salen fotógrafos:

- Fotógrafos LinkedIn [tu ciudad]
- Fotografía LinkedIn [tu ciudad]
- Fotografía redes sociales

Una foto normal te puede costar entre 50 - 70 euros. También puedes buscar en plataformas como Lestsbonus para ver si hay ofertas especiales.

La ventaja de este tipo de profesionales es:

- Te ayudan con la postura: parece una tontería, pero hasta saber cómo sonreír, si se ven o no los pulgares, estirar las arrugas de la ropa. ¿No vale eso 50 ó 70 euros? ¿qué te hagan sentir como una estrella de cine?
- Foto con profundidad, con sombras profesionales: cuando ves este tipo de fotos en el perfil te das cuenta de que se está cuidando hasta el último detalle. Si empiezas cuidando tu foto, ¿cómo no vas a cuidar el resto de las cosas?

Tu tarea

Día 4 - Tu foto de perfil

⇒ Haz la búsqueda de fotógrafos en Google o sitios que tú conozcas.
⇒ Pide cita para fotógrafo y peluquería.
⇒ Cuelga la foto en tu perfil.

RECURSOS ADICIONALES

LIBRO:

- Alex López López: Cliente digital, vendedor digital. Conoce las claves del social selling. Muy recomendable.

APLICACIONES:

- Snappr.co: analiza tu foto de LinkedIn y te da una valoración. Sólo para tener una idea. Mi valoración fue de 68.

VIDEOS:

- Cómo colgar la foto en tu perfil de LinkedIn.

- Filtros de LinkedIn.

- Tutorial para hacerte las fotos por ti mismo para LinkedIn. Está en inglés, pero puedes activar subtítulos.

NORMATIVA LINKEDIN:

- Qué está permitido y prohibido en la foto según la normativa de LinkedIn.

DÍA 5. MI IMAGEN DE FONDO COMUNICA UN 20% MÁS

Tiempo estimado de trabajo: 30 minutos

David Díaz Robisco

Di adiós a las estrellitas en LinkedIn

¿NO SABES LO IMPORTANTE QUE ES?

En todas las redes sociales existe lo que se llama «banner». Y en LinkedIn también.

Si al mirar tu perfil te suena este fondo, es que todavía no lo has quitado.

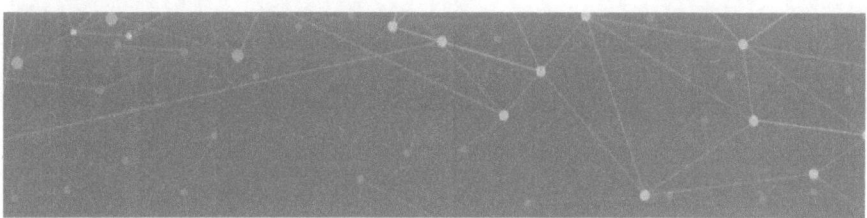

Es difícil ver la caja de algún producto que compres con una zona en blanco. Está perdiendo posibilidades de comunicar.

Uno de los motivos por los que quebré con una empresa de fabricación que tenía y empecé desde cero (casi 12 MM de euros en 6 años y en un año y medio posterior quiebra) fue por no darle valor a lo que ofrecía. De hecho, un día, un comprador me comentó:

Vendes Ferraris envueltos en papel de periódico

Muchas veces pensamos que, por ser buenos profesionales, por hacer las cosas bien o por tener un buen producto, todo tiene que funcionar. No es verdad. Hay muchísima información y de calidad al alcance de nuestro dedo. Cada vez es más complicado que nos elijan y todo suma.

No tenemos tiempo.

La persona que visita tu perfil tiene que saber de un vistazo con tu titular profesional y tu foto de fondo cómo le puedes ayudar.

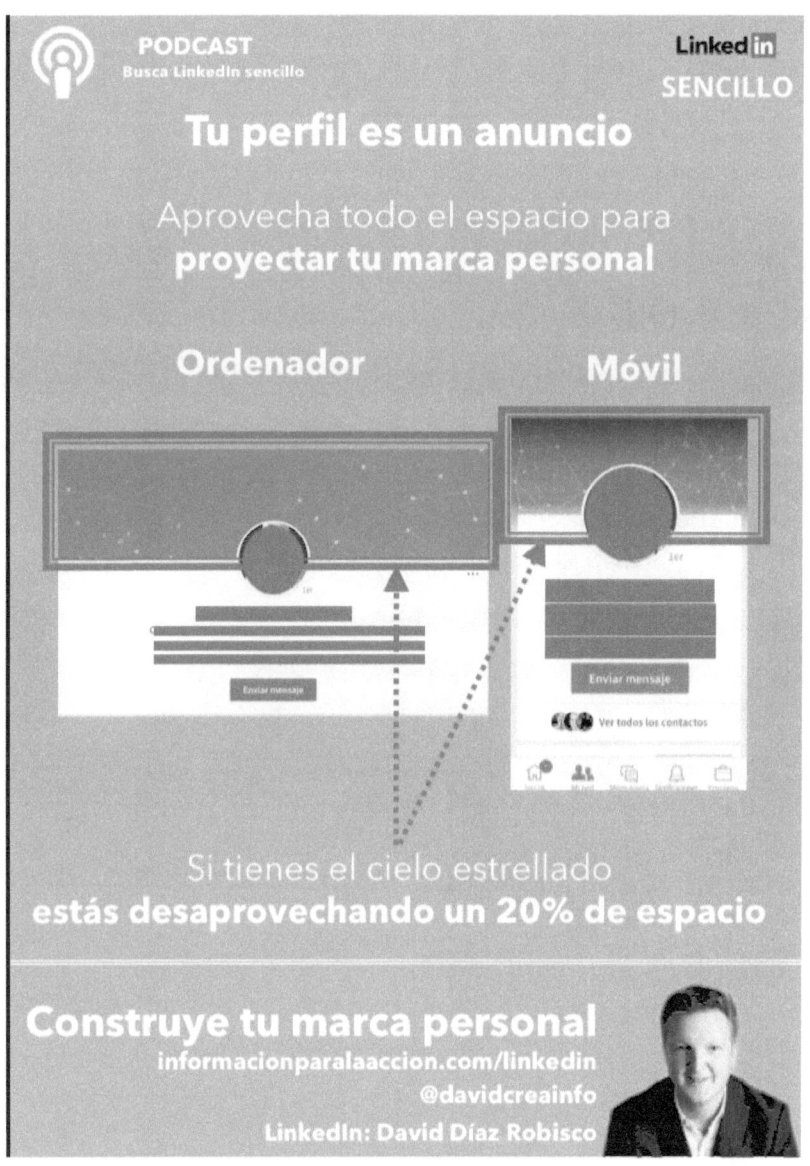

¿QUÉ INCLUIR EN LA IMAGEN DE FONDO?

Algo por lo que quieras que te identifiquen. Una imagen vale más que mil palabras.

Este sí que es el sitio adecuado para hacer publicidad (no en la parte del nombre y apellidos). Vamos a ver qué podemos poner.

IMAGEN DE FONDO

- Si es real, siempre es mejor que aparezca una persona. Las fotos con ordenadores y teclados solos, sin ningún elemento personal son más frías.
- Pueden ser fondos neutros (alineados con la imagen de marca) para luego poner frases o fondos con gráficos. Aquí una herramienta gratuita muy buena es canva. Aquí te dejo un Tutorial de cómo usar canva.
- Bancos de datos gratuitos que me gustan para fotos: unsplash y LinkedIn background
- Puede ser una foto tuya trabajando, en una presentación, con tu equipo, …

FRASE DE FONDO

A mí me encanta poner una frase de fondo que complete la imagen. A continuación, verás varios ejemplos. Es una manera de anticipar a la persona que va a visitar tu perfil qué haces.

En tu libro de trabajo, revisa lo que has completado en el día 2 tu lema, y tus valores diferenciales y en el día 3 - Cómo lo haces. Seguro que te da ideas para sacar esa frase de fondo corta, pero que refleje cómo eres.

OTROS ELEMENTOS

- Logo de empresa.
- Datos de contacto.

QUÉ EVITAR

- Fotos de sitios (aunque te gusten), aficiones personales, o reuniones familiares.

EJEMPLOS

PERFIL DE EMPRESA

VENTAS

Este es un perfil de empresa, dedicado al marketing y desarrollo de negocio.

Comunicando a tope:

- El logo de su empresa
- En viñetas las áreas que toca: personas, procesos y tecnología.
- El titular profesional: desarrollo de negocio B2B (específico en el para quién) a través de la transformación digital.

Si estás en una empresa grande, te pueden hacer el banner y les haces la publicidad gratis.

Alberto cambió de empresa y volvió a hacer otro tipo de fondo transmitiendo otro mensaje. La verdad que todo un ejemplo en comunicación.

MARCA PERSONAL

MAMEN DELGADO

Quiero decirte que la tengo un gran cariño por un detalle. Escuchó mis primeros podcasts de "LinkedIn sencillo" y me comentó cómo podía mejorar a hablar más tranquilo.

¿Qué os parece? ¿No es bonito estar en LinkedIn? Visita su perfil y escucha su voz. Seguro que te suena.

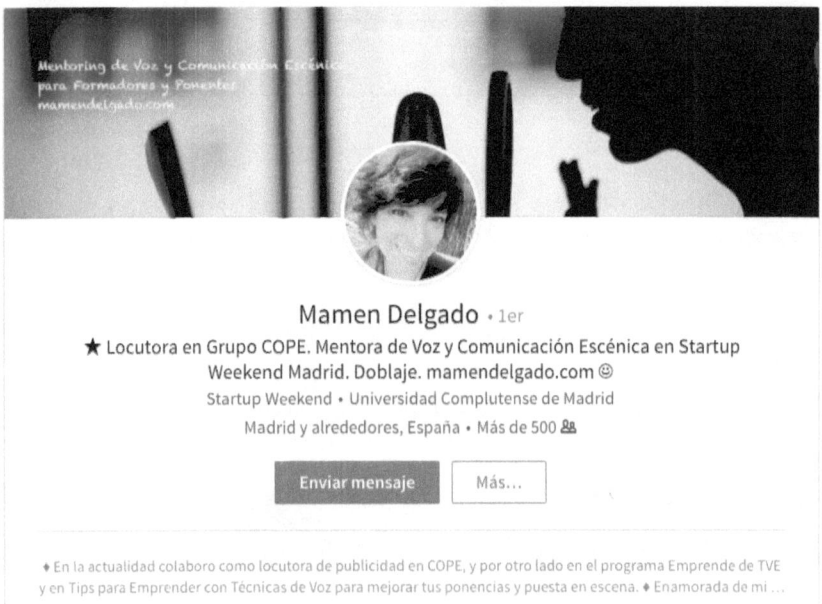

¿Todavía tienes alguna duda a lo que se dedica?

- Una foto de fondo con su profesión: la voz
- Un texto en la foto de fondo con los servicios que ofrece, para quién lo ofrece y página web. Locución y mentoría.

- Y en su titular profesional creo que pesa mucho más y da más confianza poner que es Locutora en Grupo COPE.

Pero el perfil no es estático. Es dinámico. Si tu trabajo evoluciona, cambia el titular profesional y también la foto de fondo. Aquí te dejo la situación actual de Mamen:

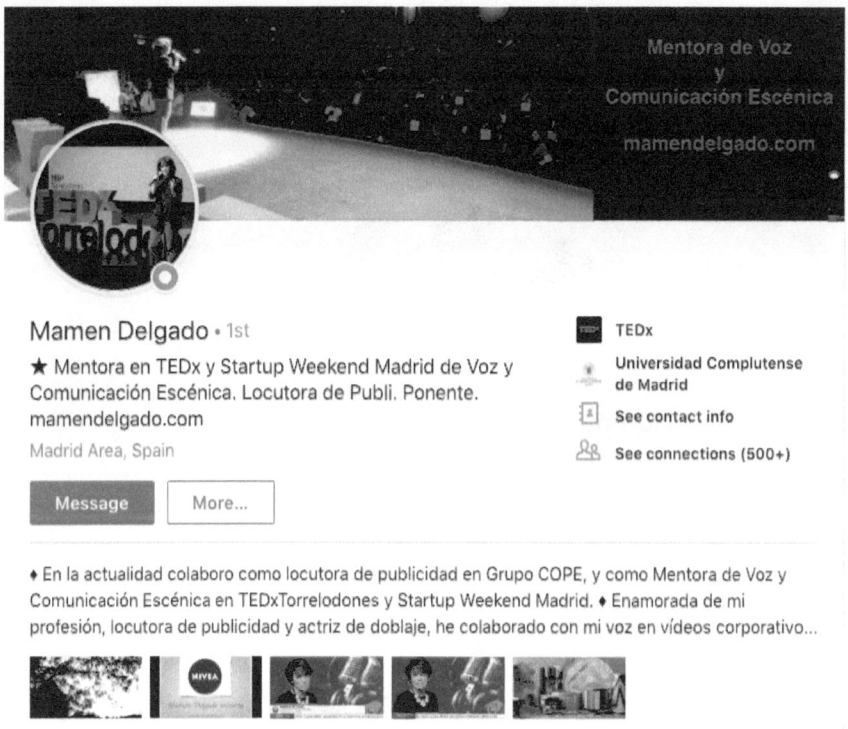

- Una foto de fondo adaptada a lo que hace: voz y comunicación escénica (mucho más que voz).
- Un texto en la foto de fondo con los servicios que ofrece, y su página web.
- Y en su titular profesional más adaptada a su nueva realidad. Mentora en TED.

LEO PICCIOLI

Una de las personas más leídas en LinkedIn sobre liderazgo. A mí me gusta mucho seguirle porque es real, auténtico. Cuenta lo que le ha pasado. Lo bueno, y lo menos bueno.

Comentó que después de leer uno de mis artículos relacionados con la foto de fondo se animó a mejorarla.

- Su lema y lo que hace: ayudar a otros líderes a liderar mejor.
- En su foto de perfil se le ve dando una conferencia.
- No tienen un diseño brutal, no importa. TRANSMITE. Y en LinkedIn estamos hablando de eso.

LA RANA GASPAR

Este es un caso muy particular de marca personal. Es una persona que sobre todo transmite valores humanos. Y como no podía ser menos, su fondo de perfil transmite lo mismo. Persona que merece la pena seguir. Te dejo aquí enlace a uno de sus artículos. Le vas a invitar a conectar seguro.

- Logo: tiene el logo de su marca personal, la Rana Gaspar
- Tiene frases que es exactamente lo que hace en las redes: "Cositas para pensar, actuar, ser más y mejor profesional" o "También cositas de emprendimiento, tecnología y alguna sorpresita más". Y es que él, comparte y habla sí. Te manda "abrazotes".
- Y el titular, 100% humano. Y sí, doy fe que ayuda a los demás.

JJ DELGADO

Ejemplo de marca personal, dentro de una empresa. Claramente enfocado al marketing y a transformación digital en estrategia. Por su experiencia de trabajo y por los premios recibidos merece la pena seguirle en transformación digital.

- Foto de fondo donde sale en una conferencia.
- Lema profesional bien grande: re-born digital
- Y en vez de su logo, página web.

HACIENDO PUBLICIDAD DE UNO MISMO

GEMMA HERNÁNDEZ

Ofreciendo y explicando sus servicios y su valor diferencial. ¿Por qué es diferente Gemma?

- Foto de fondo: datos de contacto y beneficio que ofrece: vender y alquilar más rápido al mejor precio
- Foto de perfil: si la vas a ver personalmente, la reconoces.
- Titular profesional: mostrando su beneficio como en la foto de fondo: te ayudo a vender/alquilar inmuebles más rápido y al mejor precio.

EJEMPLO DE HAZLO TÚ MISMO

MINERVA MOREL

Minerva cambió el perfil rapidísimo después de ver el vídeo y ver uno de mis artículos. 100% canva. No hay excusa para no hacerlo.

- Muy bien explicado todo lo que hace con logos y frases.
- Ha usado una de las plantillas que ofrece Canva.
- Su titular profesional dice lo que hace. El antiguo que tenía era "Programa Superior at Formación E-Learning de la región de Murcia" ¿Con cuál te quedas?

Ojo que está empezando en LinkedIn, pero con buen pie y todos los cambios los ha hecho sólo siguiendo mis artículos.

ROSA HERRREO

Acudió a uno de mis seminarios en una formación presencial en grupo. Dimos una vuelta completa a su perfil. Aquí tenéis el resultado.

- Como foto de fondo ha elegido una imagen suya trabajando y la ha montado con canva, su frase motivacional y sus datos de contacto.
- El titular profesional diciendo cómo y a quién ayuda. Además, salen también sus puestos de trabajo al final.

¿Y CÓMO HAGO LOS PERFILES DE EMPRESA?

Si estás en un proceso de mejorar tu visibilidad en redes sociales, y **estás invirtiendo en formación no solo para que tu empresa sea visible a partir de los perfiles del equipo, sino también del contenido que publican**, hay que buscar un equilibrio entre dejar libertad para expresar esa parte personal y seguir comunicando como empresa.

A mí personalmente me gusta dejar libertad en la imagen de fondo, pero que en algún sitio se esté comunicando también como empresa. Por ejemplo, la empresa puede:

- Fijar el logo corporativo a utilizar y que se incluya en la imagen de fondo de forma indicativa
- En caso de incluir frases motivacionales en la imagen de fondo que las fuentes utilizadas sean comunes a la empresa.

Si eres Microsoft, Amazon, Apple o empresa de reconocido prestigio puede tener un sentido. Aunque empequeñecería tu perfil dando más protagonismos a tu empresa.

Me gusta más para dar imagen corporativa con cierto grado de libertad en la imagen de fondo e incluir el logo en pequeño como un elemento más de la comunicación.

En este caso el logo de empresa aparece siempre el logo de empresa, unas veces de modo más formal, y otras veces de forma más creativa.

Todos los titulares profesionales están orientados al cliente y destacando en lo que son diferenciales: usar el dato y su experiencia acompañando a clientes como punto de partida para mejorar el día a día del cliente.

Idoia Iceta Hernández • 1st
Energy CEO | Boosting digital solutions for operators and maintainers combining our domain and analytics knowledge
NEM Solutions • Universidad de Navarra
Pamplona Area, Spain • 500+

All my career has been linked to my two passions, renewable energy and data analytics. I believe in people who see the technology as a way to make our life better. Currently, leading NEM Solutions' t...

Aitor Iñiguez de Heredia • 1er

CEO Mobility | Using data to provide human and strategic solutions in complex environments | Big Data | Rail

NEM Solutions • Fordham Gabelli School of Business

Pamplona y alrededores, España • Más de 500

[Enviar mensaje] [Más...]

I enjoy adding value to the data. I consider the data as a starting point to provide creative and humane solutions that improve the day to day of the companies. As NEM Solution's Mobility CEO, I try to und...

Mostrar más ⌄

Carlos Silva • 1st

Supporting my clients to take action through digital and analytics strategies | Sales Area Manager BU Energy

NEM Solutions • National Technical University of Athens

Donostia-San Sebastian, Basque Country, Spain • 500+

[Message] [More...]

The assets Operational Data are the key enabler for taking Strategic Action! When dealing with digital and analytics services, the most important thing has become to identify the real customer needs and...

Tú también puedes

Tu tarea, tu turno

Día 5 - Tu imagen de fondo
Móntala con tu ordenador

⇒Busca el fondo: unsplash, linkedinbackground, canva o una foto tuya o de tu empresa.
⇒Pon frase definiendo lo que haces (optativo).
⇒Tu logo y/o datos de contacto

Échate un vistazo a todo los ejemplos de este capítulo de nuevo para encontrar inspiración

RECURSOS ADICIONALES

APLICACIONES Y WEBS DE RECUROS:

- canva.com: aplicación gratuita de diseño donde puedes diseñar tu perfil.

- Unsplash: sin duda, mi banco de fotos gratuito preferido.

ARTICULOS

- ¿Venderías un Ferrari envueltos en papel de periódico?, uno de mis artículos donde explico mis errores empresariales y cómo he aprendido y corregido.

VIDEOS:

- Cómo poner la foto de fondo.

- Cómo usar canva.

DÍA 6. MI PRIMERA LÍNEA DEL EXTRACTO

SOMOS UNOS COTILLAS

Tiempo estimado de trabajo: 30 minutos

David Díaz Robisco

Cuéntame qué haces y te gusta

¿Me puedo identificar contigo? ¿Quiero saber más?

Cómo me vas a ayudar

¿TAN IMPORTANTE ES UNA LÍNEA?

¿ESTAMOS LOCOS?

Esto de la marca personal, ligado al social selling o digital sales no va de vender.

Va de que nos compren.

¿Qué sensación te queda cuando te presentan a una persona y al momento ya te está intentando vender algo? A mí, personalmente, de completo agobio. Ojalá no me le hubiesen presentado.

Ahora los consumidores son los que tienen el poder, y son ellos los que deciden cuándo y cómo ponerse en contacto contigo.

Además, cuando visitas el perfil de un profesional (al hacer clic en su perfil, no cuando interactúas) son estas las cosas que se ven:

- Foto y foto de fondo.
- Nombre y apellidos.
- Titular profesional.
- Primeras líneas del extracto (con la nueva actualización 2018 caben más caracteres).
- Elementos multimedia (con la nueva actualización 2018)

Esas líneas van a decidir si le interesa seguir leyendo tu extracto o no. Si van a desplegar o no el extracto, si se van a decidir a contactar contigo o no.

GENERAR CONFIANZA EN EL MUNDO REAL

En una tienda, si por ejemplo me voy a comprar unas zapatillas para correr, me gusta circular sin tener al dependiente a mi lado preguntándome qué zapatillas quiero. Me agobia. Quiero "sentir" que sea yo el que elijo.

Si hay algo que me interesa y tengo dudas, ahí es el momento de hablar con el vendedor y quiero que me resuelva mis dudas. Pero, si quisiese entrar en conversación conmigo antes, preferiría que me preguntase por mi última carrera, que por las zapatillas que me voy a llevar.

El cliente quiere sentir que es él quien elige libremente

DIFERENCIAS MÓVIL Y ORDENADOR

Esa primera línea, ese primer acercamiento que tenemos con el otro profesional, donde tenemos que despertar el interés es mucho más reducida en versión móvil.

 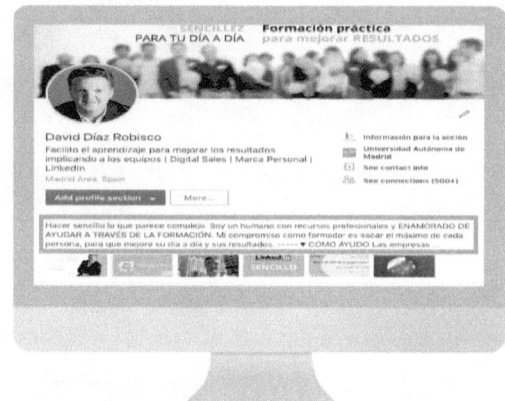

Como en el ejemplo de la tienda de las zapatillas de correr donde decía que para venderme unas zapatillas a mí me gustaría que me preguntasen antes por la última carrera.

¿QUIÉN VA A LEER MI PERFIL?

Échate un vistazo al cuaderno de trabajo a los capítulos 1 y 2 para repasar dentro de tus objetivos y a qué tipo de profesional quieres atraer.

¿Qué crees que les gustaría leer?

Esa primera línea tiene que ser muy estimulante. La persona tiene que quedarse con ganas de saber más de ti. Es como iniciar una conversación. Te están cotilleando y a ti te interesa que sepan cuanto más mejor. Sobre todo, que te invite a conectar si compartís intereses

No le puedes gustar a todo el mundo.

Igual que cualquier relación personal. No puedes esperar que siempre se hable bien de ti, ni que siempre se fijen en ti.

Hay que respetar las prioridades personales y la diversidad. **Ocúpate que tu perfil sea interesante para tus personas objetivo en LinkedIn**.

Céntrate en lo positivo. En todos aquellos que les gusta cómo eres tú, y cómo lo plasmas en tu perfil. Mi experiencia me dice, que:

LinkedIn es un sitio excelente para atraer a personas similares a nosotros que comparten valores y objetivos profesionales.

Si quieres mejorar tu situación profesional, o conseguir clientes no lo puedes poner así abiertamente.

Estás transmitiendo que te sientes con derecho a exigir a la otra parte sin aportar. Estás agobiando a la otra parte y seguro que no le apetecerá seguir leyendo.

Evita en esa primera línea decir quién eres. Somos egoístas, lo veremos en el siguiente capítulo.

A nadie le interesa quién eres, sino cómo le vas a ayudar.

Alguna idea más, si en tu titular profesional no queda del todo claro lo que haces y tu objetivo porque hace falta entrar en más detalle, esta primera línea es el lugar.

EJEMPLOS DE PRIMERA LÍNEA

OBJETIVOS VITALES

EVA COLLADO DURÁN

- Cuál es su misión: "Estoy por vocación y por la pasión que despiertan en mí las personas y organizaciones".

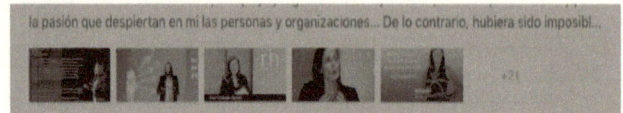

¿No me digas que no te apetece seguir leyendo en qué consiste esa pasión?

Junto con Guillem Recoloms, para mí por cercanía son la referencia en castellano a nivel de marca personal. Del libro de Eva "Marca eres Tú".

DAVID DÍAZ ROBISCO

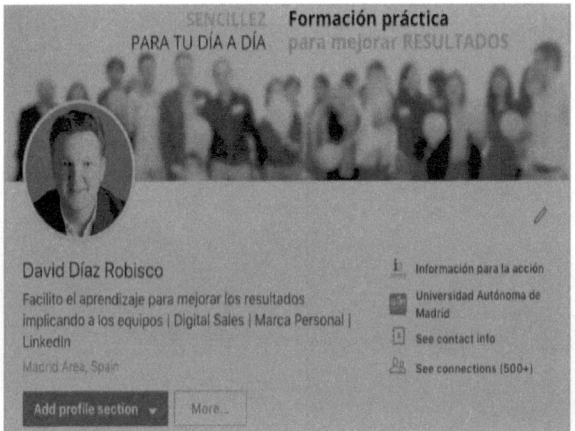

Ya lo había comentado antes en el otra parte del libro mi misión:

- Hacer sencillo lo que parece complejo: es esta frase y no "la suerte no existe, eres tú quien la trae" con la que se identifican las personas de mi entorno. Ese segundo lema lo dejo para mí internamente.

Y de verdad que mi primer objetivo siempre es compartir de forma que sea accionable. Y todo lo que comparto son cosas que yo ya he vivido. Por eso suenan tan fáciles y reales.

OBJETIVOS LABORALES

ELISABET CAMA

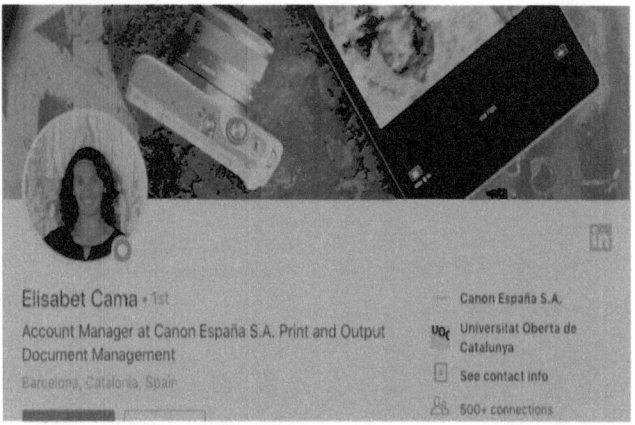

En su primera línea del extracto, aunque esté dedicada a las ventas pone cuál es su pasión. Así apetece mucho más entablar una conversación.

- Apasionada por el marketing, ventas y creatividad.
- Nuevas vías de comunicación, …

VÍCTOR M. ARREBOLA ORTEGA

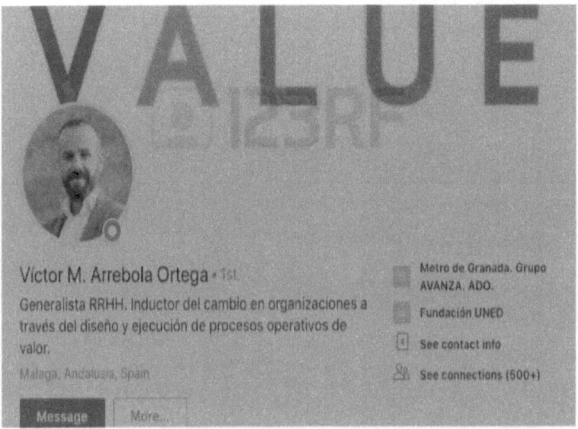

Tu trabajo, aunque seas director de RRHH, tiene una finalidad. Aquí la ves muy clara: hacer tangible la visión empresarial y luego va explicando los medios.

JUAN MONEDERO

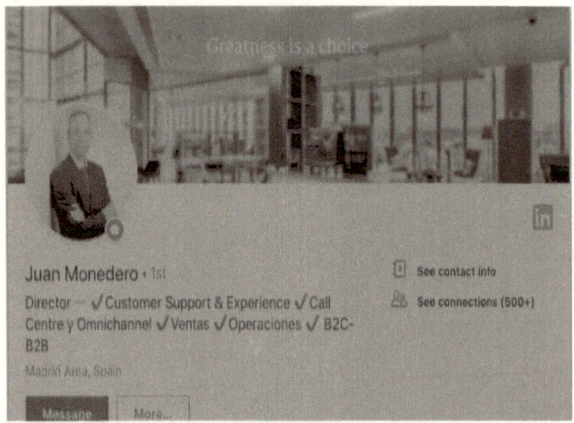

Su objetivo es mejorar la interacción con los clientes desde el Departamento de Operaciones de cliente para mejorar la experiencia de cliente, aumentar las ventas y reducir costes.

VENTA

BRYNNE TILLMAN

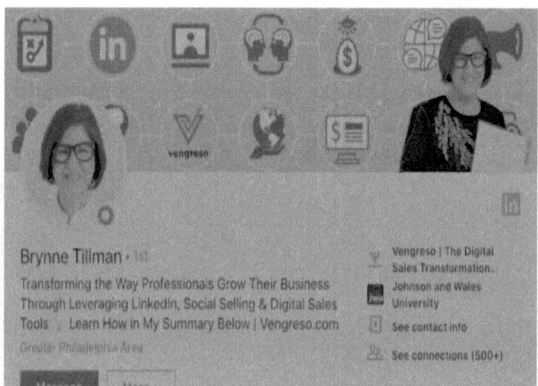

Hablando en plata, para mí Brynne es "la jefa". Todo lo que publica sobre LinkedIn es accionable y ella en primera persona predica con el ejemplo.

Mira lo que hace ante de vender en esa primera línea:

- Aprende estrategias de venta top en digital sales y social selling.

No es un farol. Es verdad. Si te echas un vistazo a todo lo que da gratis en sus artículos mismamente de LinkedIn alucinarás. Para mí es un espejo donde mirarme. Y todo su perfil no tiene desperdicio.

LAURA FERNÁNDEZ

El tema de la venta a la española. Si quieres ser más directo a la hora de que te compren, hay que vender primero los beneficios:

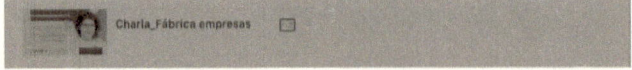

No analizamos sólo las dos primeras líneas sino todo el perfil:

- Foto de fondo: ya tienes el beneficio. Mejores reuniones, más ventas.
- Titular: cerrar ventas con directivos de grandes empresas
- Dos primeras líneas: completando el titular profesional y preguntando por todos tus problemas: ¿Necesitas aprender a cerrar reuniones de ventas bien enfocadas? ¿Reunirte con la persona que reamente tomará la decisión de compra?

Personalmente la conozco, viene del mundo de la venta telefónica y sus textos y llamadas van muy enfocados al cierre.

FRASES PROHIBIDAS DE INICIO

Olvídate de estos comienzos:

- Profesional con xx años de experiencia.
- MBA o licenciado o ingeniero por….
- Gracias por visitar mi perfil.
- Somos líderes del mercado, o cualquier expresión que indique que somos los mejores sin más.
- Soy un negociador nato (¿qué cliente va a querer hablar contigo).

A nadie le interesa ni quién eres, ni lo que has estudiado ni si estás en la mejor empresa del mundo. Sólo quiero saber qué me puedes ofrecer. Si merece la pena estar o no conectados.

Por eso siempre es bueno empezar compartiendo tu pasión. Para que haya otras personas que se puedan sumar a tu causa.

Tu tarea, tu turno

Ve a tu libro de trabajo
Día 6 - Mi primera línea del extracto

Repasa el día 2:
⇒Tus objetivos profesionales
⇒Tu lema

Redacta esa primera línea. Bien completando tu titular profesional o simplemente diciendo cuál es tu objetivo en LinkedIn.

El lema puede haber ido a la imagen de fondo, o a lo mejor no y la puedes usar aquí. Entre el lema y los objetivos puedes redactar esa primera línea del extracto.

Me gustan más las primeras líneas que no son de venta directa. Que permitan a las personas que te leen, que ha visto tu imagen de fondo, tu foto y tu titular profesional ver que todo es coherente con esa primera línea y tengas ganas de leer todo el extracto.

Redacta esta primera línea. Bien completando tu titular profesional o diciendo simplemente tu objetivo en LinkedIn. Repasa todos los ejemplos del libro.

Aquí te dejo un espacio para que escribas esa primera línea del extracto. Seguro que el libro te ha inspirado:

RECURSOS ADICIONALES

LIBROS:

- "Marca eres tú" de Eva Collado Durán. Me ha encantado y creo 100% en esa filosofía. Muy recomendable su lectura. Un par de reflexiones de su libro (que hay muchas más):
    - El título del libro: sé tú mismo, eso es tu marca
    - "La gente te quiere y te valora por lo que tú eres capaz de llevar y aportar a su vida"

ARTÍCULO RECOMENDADO:

- Me llamo Gaspar, un tipo OPTIMISTA (que NO ingenuo), que hace unos años perdió a su hijo Gasparín. Te aseguro que después de leer este artículo vas a conectar con él.

BLOGS PARA SEGUIR:

Te recomiendo estos dos blogs de marca personal. Sobre todo, porque además de conocimiento hay mucha carga humana y personal. Son muy cercanos.

- Eva Collado Durán

- Guillem Recoloms

David Díaz Robisco

DÍA 7. EL EXTRACTO

ME DA IGUAL QUIÉN SEAS, ¿PODEMOS HACER ALGO JUNTOS?

David Díaz Robisco

Tiempo estimado de trabajo: 60 minutos

¿Y si tu perfil pudiese hablar?

¿Qué diría?

Aquí te dejo una conversación entre un asistente a una de mis conferencias y unas zapatillas de deporte

DÍME CÓMO ME VAS A AYUDAR

ENTONCES, ¿NO TENGO QUE CONTAR MI EXPERIENCIA?

Somos muy egoístas. Nos apetece estar con las personas que nos aportan algo.

Y no me entiendas mal. No tiene que ser interés económico. También puede ser que lo pasas muy bien con la otra persona, que te sientas a gusto o mil historias.

Tu extracto no es un resumen de tu experiencia profesional pasada. Enfócalo de este modo:

Qué aportas a futuro

Nunca olvides para quién estás escribiendo. Echa un vistazo al día 2 para ver cuáles son tus objetivos en LinkedIn. En qué quieres ser referente y a qué tipo de profesionales quieres atraer.

Si en el contenido de tu extracto estás hablando de logros, resultados con tu metodología y forma de hacer, entonces te contactan por tu valía profesional.

Si tú lees un perfil que pone que "es un profesional con gran capacidad de trabajo, responsable, acostumbrado a trabajar bajo presión, con tantos años de experiencia, estudios, ..." No sé a ti, pero a mí se me viene a la mente que es el candidato ideal para que una empresa o cliente te explote laboralmente.

EL CONTENIDO DEL EXTRACTO

Soy muy pesado con este tema, pero lo veo en muchísimos perfiles. Si el tuyo es uno de ellos, es el momento de cambiarlos.

A nadie le interesa saber los años de experiencia que tienes, dónde has estudiado, si eres de una forma de ser u otra o aspectos sobre tu familia. Quieren saber cómo les vas a ayudar. Toda tu experiencia, sólo vale si demuestra que has conseguido resultados.

Aquí te dejo algunas ideas de lo que puede incluir el extracto

- **Tu objetivo**: puede ser profesional o vital, o simplemente por qué estás en LinkedIn. Ya hablamos de este punto en capítulo 6 para esas primeras líneas.
- **Tus logros**: describirte cómo eres y tus características. Tus títulos y experiencias no valen para nada si no lo ligas a cómo vas a ayudar. Todas tus fortalezas personales tienen que ir ligadas a objetivos medibles que hayas conseguido.
- **Cómo haces las cosas**: si alguien va a mantener contigo algún tipo de relación profesional, le gustará saber cómo haces las cosas (técnicamente) y cuáles son tus valores (personalmente). Sé honesto. Es la única forma de estar conectado con personas que te van a respetar como eres. Y así, tú vas a poder dar el máximo.

- **Llamada a la acción**: Si ya es difícil que te contacten directamente al ver tu perfil sin decirles nada, por lo menos anímales a que te inviten a conectar, te llamen por teléfono, visiten tu web, se descarguen alguna guía o artículo. A lo mejor puedes aprovechar y escribir con qué tipo de personas te gustaría estar conectado. También puede ser un buen sitio para comentar que estás buscando otras oportunidades profesionales. Pero aquí, no en el titular ni en la primera línea. **Usa el imperativo**.

- **Palabras clave:** ya he comentado alguna vez, que esto del SEO en LinkedIn es toda una ciencia. Se habla mucho de técnicas para posicionar el perfil, pero es muy complicado que alguien sepa cómo funciona. El propio LinkedIn informa que está constantemente mejorando el algoritmo para mejorar las búsquedas, pero no da ninguna clave para posicionarse. Es más, dice que no por tener más palabras clave se posiciona mejor, que incluso te puede penalizar si abusas de ella. Aún así, creo que no es abusar de palabras clave incluir al final de tu perfil lo que haces específicamente. **Con las mismas palabras que utilizaría las personas que están buscando algo**. Que cuando vean tu perfil digan: Ahh, sí, esto también lo hace.

Tienes 2.000 caracteres

¿EN PRIMERA O EN TERCERA PERSONA?

LinkedIn es va de relaciones personales. El tema de los formalismos en el vocabulario está cambiando. De hecho, cuando a mí me responde alguien a mi mensaje de bienvenida en tercera persona, rápidamente le digo que me tutee.

A mí me da más cercanía la primera persona

La clave como siempre es pasar el mundo real al mundo virtual. Si en tu entorno de trabajo hablas de tú a tú, pues entonces primera persona.

Si es un entorno formal donde se habla de Vd., tercera persona.

Si contacto contigo, espero recibir el mismo trato que refleja tu extracto.

EJEMPLOS

VENTAS

LORI RICHARDSON

Una de las personas más influyentes a nivel mundial en ventas.

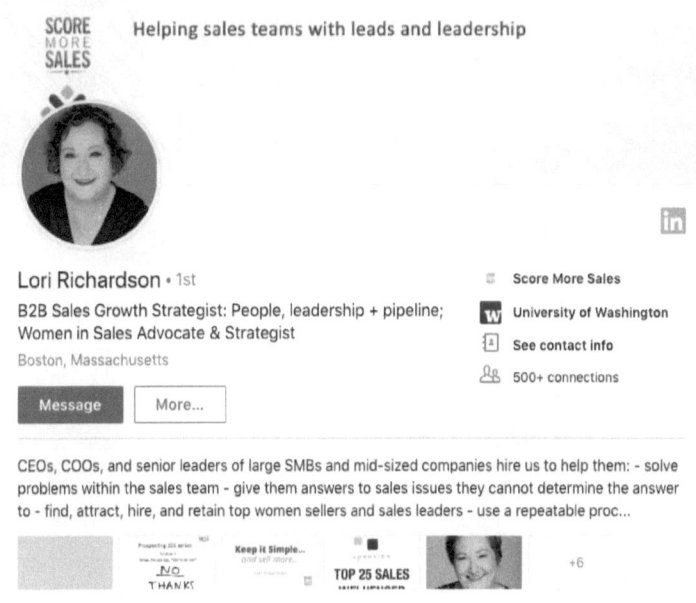

- Fíjate en el titular: aparece B2B, las palabras ventas, crecimiento, estrategia, liderazgo, pipeline, ….
- Lema clarísimo sobre un fondo de imagen sencillo con logo y nombre de empresa.

Esta persona podía poner en su titular experto, en el ranking de influyentes, y no lo pone.

Demostrar más que figurar

Objetivo	CEOs, COOs, and senior leaders of large SMBs and mid-sized companies hire us to help them:
Cómo lo hace	- solve problems within the sales team - give them answers to sales issues they cannot determine the answer to - find, attract, hire, and retain top women sellers and sales leaders - use a repeatable process that guarantees success in recruiting, retention, and sales growth - grow revenues - stop losses through sales skills training and helping employees into the correct positions.
Logros	First 15 years of my business career = quota-carrying sales person and sales leader in technology and financial services closing $100M worth of deals. That gave me many experiences to pull from -- successes as well as failures. I worked for 23 sales managers and understand that people leave managers, not companies. Over the last 20 years we have built sales teams and helped mid-market technology and distrib. co.'s grow front-line revenues weaving in what the collective team has learned over years in successes and failures.
Llamada a la acción	As a lifelong learner, I love to share the latest in what works now. Let's talk. lori@scoremoresales.com (978) 595-2045
Lema profesional	"Never confuse activity with accomplishment"

Contenido multimedia (11)

Multimedia, con regalo de ebook
Siempre ayudando

Free Sales Coaching
eBook

Prospecting 101 Series
Session 3
When People Say, "We're All Set"

NO

Prospecting Webinar
Slides 02-2013

⟨ Anterior   Siguiente ⟩

PROFESIONAL

VIRGINIA AREÑOS

Ejemplo de una profesional de la comunicación con varias actividades.

- Lema clarísimo sobre un fondo de imagen y además su referencia también a Twitter
- Una foto distinta: de algo tiene que ir la comunicación, marca personal y el liderazgo, ¿no? Una manera de ser distinta muy original.

Qué hace y cómo lo hace	Marca personal: Atrevida y comedida. Ingeniosa que no ingenua. Creativa y reflexiva. Perspicaz y prudente. Responsable y desconfiada. Presumida y modesta. Líder y trabajo en equipo. Ambiciosa en mis funciones. Inquieta y sosegada. Respetuosa pero inflexible. Astuta y persuasiva. Activa y organizada.
Lema profesional	Una solución antes de que surja un problema. Si ya hay un problema te doy una solución.
Logros	1. RADIO. Trabajar bajo presión ¿Qué es eso? •TRANSFORMACIÓN DIGITAL •PRODUCCIÓN. En la sombra. Siempre un paso por delante.Me anticipo a lo que pueda ocurrir (antes, durante y después del directo) Cubro la espalda de la persona que está en directo y también la mía. Consigo las entrevistas que me piden ("para ayer") y también las que no piden. Canalizo, organizo y me encargo de boletines e informativo diario (incluidas entrevistas) y de programas especiales con sus entrevistas. •EDICIÓN Y LOCUCIÓN. Información y publicidad ••Información: Alerta continua ante últimas horas para explicar y contar noticias de forma clara y con una correcta dicción. ••Publicidad: Durante casi tres años, además, El Corte Inglés confió en mí para sus tres menciones diarias publicitarias en directo(La Mañana) •ENVIADA ESPECIAL. Además de elecciones he cubierto noticias como accidente de Alvia en Santiago, los atentados de París-2015 y Bruselas-2016 (post en pulse) 2. DOCENCIA •PROFESORA COMUNICACIÓN Y COORDINADORA INFORMACIÓN ESPECIALIZADA MASTER de Radio Cope. Lo mejor, preguntar a mis alumnos. Dicen haber aprendido mucho y estar satisfechos (una vez dadas las notas, ¡incluso!) Imparto clases de recursos expresivos y metodológicos. También de información especializada 3 ESTRATEGIAS DE COMUNICACIÓN. SOCIAL MEDIA. COMMUNITY MANAGER. Formación continua 4. LIDERAZGO Y MARCA PERSONAL. Formación continua ("Lidérate": blog de comunicación, liderazgo y marca personal)
Proyectos	5. PROYECTOS: MBA Dirección y Administración de Empresas + Project Management Libro sobre producción radiofónica actual.

FREELANCE

XABIER BALDA

Xabier es una persona con la que he trabajo en el tema de perfil y visibilidad en LinkedIn.

+34 628 144 292

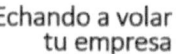

Echando a volar tu empresa

Interim Management

xabier.balda.linkedin@gmail.com

Xabier Balda • 1er

Mejorando la rentabilidad en la PYME industrial centrado en las actividades clave | Productividad | Costes | Ventas

xbalda Interim Management • Universidad de Navarra

Donostia-San Sebastian, País Vasco, España • Más de 500

Enviar mensaje   Más...

- Fíjate qué titular profesional: diciendo lo que aporta mejorando la rentabilidad y cómo lo hace. En las áreas que trabaja.
- En la foto de fondo: su logo, su titular estándar (interim manager), su visión (echando a volar tu empresa) y sus datos de contacto.

David Díaz Robisco

Objetivo profesional	**INTERIM MANAGEMENT** Trabajo impulsando el cambio en las empresas. Hago fácil lo difícil, incidiendo en lo importante.
Cómo lo hace	**TRANSFORMANDO EMPRESAS** Desde mi primera experiencia profesional tuve claro que la información es clave para medir los procesos y mejorarlos. Por eso siempre trabajo haciendo incidencia en la información existente e implanto sistemas sencillos y útiles para los que se puedan establecer indicadores y medir las mejoras. He trabajado para empresas de diferentes sectores y tamaños: Automoción, Válvulas, Calderería, Ingeniería y Construcción. **LOS PROCESOS CLAVE** Mi visión empresarial parte de la definición de lo que es clave en cada empresa. En el caso de las PYMES es muy común tener que incorporar herramientas y tecnologías que suelen considerarse inalcanzables. Yo hago que este proceso sea accesible y sencillo, de tal manera que la empresa empieza a trabajar con nuevas herramientas. Hablamos de Lean, de Kanban, de bases de datos, de herramientas de planificación, de intervención sobre los ERP existentes, etc.
Logros	**LAS DECISIONES** Una vez desarrolladas las herramientas es muy fácil tomar decisiones de calado para obtener resultados. Así, he conseguido: ✓ Reducir el tiempo de diseño en un 90% en varias empresas ✓ Duplicar la productividad de varias líneas de fabricación ✓ Duplicar la facturación en varias empresas ✓ Multiplicar los beneficios: x2 y hasta x5
Llamada a la acción	Es muy gratificante ver cómo las transformaciones arraigan en las empresas, por eso también comparto mi visión escribiendo artículos en LinkedIn para extender mis aportaciones a esta red. Estaré encantado de conectar contigo si compartes la sencillez, quieres compartir experiencias relacionadas con el mundo de la empresa, contratar mis servicios o seguir mis publicaciones: xabier.balda.linkedin@gmail.com ☏ +34 628 144 292
Palabras clave	interim manager | gerencial ingeniería | director industrial | productividad | ventas | equipos | organización | ingeniero | procesos | lean | kanban

¿Y CÓMO LO TIENE UN EXPERTO?

MARIO MARTINEZ JR

Aquí os dejo el perfil de Mario Martínez Jr. Para mí es el referente a nivel mundial en Digital Sales y en cómo transmite. En la empresa que él lidera Vengreso trabajan a la fecha de publicación de este libro personas que sigo y me aportan y que están incluidas en el libro como Brynne Tillman y Viveka von Rosen.

Puedes seguir su podcast Selling with Social. Estarás siempre al día de cómo generar confianza y cerrar más ventas.

- Imagen de fondo: no hace falta que sea técnicamente espectacular. Lo importante es que transmita: Digital Sales transformation. Y comparando el viejo y el nuevo proceso de compras.
- Titular profesional: mejorando las ventas con social selling, marketing de contenidos y organizando todo el entorno digital.

Y en la página siguiente el extracto:

Curso de LinkedIn: 10 días para tener un perfil con huella

Pasión	I had a dream. That dream came true on June 20, 2017, when I announced the 6-way merger of the world's top Digital Selling minds now under one brand. Vengreso is committed to one thing - your sales success!
Demostrando	As a former VP of Sales, now a Speaker & Digital Sales Evangelist, I am #SalesObsessed! I've spent 82 consecutive quarters in sales & leadership helping to grow revenues for small to large fortune 100 sales teams. I've made my way into 100% + Club 15 / 18 years!
Cómo lo hace	Why #Digital Sales? The Digital Sales Transformation and movement has begun. Today's modern buyer has changed the rules. As sales and marketing professionals we must be aligned with our understanding of the buyer's needs. We must meet the buyer in their digitally connected, socially engaged, mobile attached, video-hungry preferences. Today's modern buyer requires a modern seller. Why Vengreso? Vengreso is the only full spectrum provider of digital sales transformation services helping business professionals from small business to the enterprise accelerate growth through marketing and sales alignment, the mindset to be persistent and the toolset to scale.
Demostrando	As a Keynote Speaker, I have spoken to international audiences of up to 20,000. I have been requested to share my strategies with companies such as SAP, ADP, Cisco, LinkedIn, + others. I've also earned the coveted LinkedIn Social Selling Index (SSI) score of 99 / 100!
Cómo ayuda	If you - Need assistance with aligning Sales and Marketing to digitally transform your sales org - Need Content Marketing Strategy - Want to leverage social networks to explode your pipeline - Want to deliver quantifiable sales results via Digital then visit www.vengreso.com or email me mario@vengreso.com
Palabras clave	Specialties: LinkedIn Training	Twitter Training	Keynote Speaker	Social Selling Training	Sales Training	Sales Performance	Sales Enablement	VP of Sales	LinkedIn Profile Makeover	Digital Sales	Content Marketing	Employee Advocacy
Multimedia	Contenido multimedia (6)

ESTUDIANTE

Es muy complicado demostrar cuando no se ha tenido experiencia. También es cierto que a futuro las empresas no contraten por el título, sino por lo que haces.

Si no tienes una red profesional como LinkedIn o tu página web corres un riesgo. Las personas que quieren trabajar contigo se quedarán sólo con lo que subes a tus redes sociales personales. Y ahí, puede haber cosas que no te favorezcan o no sea la imagen que quieres dar.

Aquí tienes las siguientes alternativas:

- Titular profesional: estudiante de la carrera que estás haciendo y lo que quieres hacer.
- Foto de fondo: algo con lo que te identifiques laboralmente: ordenadores, personas, situaciones,...
- Primera línea: poner un objetivo profesional claro de lo que te gustaría ser (ya has visto ejemplos profesionales), o qué cosas te apasionan. Si no se te ocurre nada, simplemente puedes invitar a que te conecten.
- Extracto:
    o **Todo lo que has hecho fuera de los estudios**. Aunque sean esos trabajos por sacar dinero, también suman. Es una forma de demostrar que te buscas la vida.
    o **Tus valores, por qué eres diferente**. Lo hemos visto en el libro de trabajo en el día 1. Aquí puedes incluir tus hobbies siempre que realcen tus valores. Si has

hecho deportes de equipo siempre es un buen indicativo de trabajo en equipo; si tienes un hobby de manualidades o de otro tipo puede indicar constancia; si has participado en alguna asociación (por tu compromiso), o concursos, o retos, ….

- **El tipo de trabajo y dónde te gustaría realizarlo:** sé específico. Qué te gustaría estar haciendo. Es una forma de filtrar tanto para la empresa que busca talento, como para ti que no te ofrezcan trabajos acordes.
- **Palabras clave:** todo aquello por lo que puedas ser buscado.

Te dejo aquí algunos ejemplos de titulares profesionales y textos posibles en la imagen de fondo de un taller realizado en la UBU con estudiantes de ingeniería informática (Universidad de Burgos)

TITULAR PROFESIONAL

Hay muchas más opciones de completar lo que te gusta de la (mucho más que estudiante de informática)

- Android senior developer | Tech enthusiastic | Cibersecurity | Software engineer
- Aficionado a la robótica, programador, diseñador de software
- Desarrollo de software | Analista sistemas criptográficos | Investigador
- Programador | Diseño bots para distintas aplicaciones | Amo los videojuegos

- Programador Java | Aficionado a la Inteligencia Artificial
- Estudiante de informática | Equipos robóticos | Cyberseguridad
- Friki de la programación en Java o C
- Cyberserguridad | Investigación y desarrollo robótica | Automatización día a día
- Programador de aplicaciones | Páginas web | Administrador bases de datos
- Ingeniería informática | Enamorado de solucionar problemas mediante la programación
- Ingeniería informática | Bases de datos | Consultas | APPs asociadas
- Ingeniería informática | Programación, edición y realización de vídeos

TEXTO IMAGEN DE FONDO

- Pensar para crear
- Piensa y hazlo
- Simplicidad, diseño y desarrollo
- Siempre con ideas
- Simplifica y actúa
- Create - Design - Inspire
- Be simple but me amazing
- Never stops
- Think different

¿Quieres ver la valoración del taller? Aquí te dejo las opiniones:

SERGIO SANTAMARÍA RIOCEREZO

- Fíjate en la foto de fondo: ya está transmitiendo que le gusta ir más allá
- En su titular profesional: Detalla las especialidades por las que quiere que le llamen.

Curso de LinkedIn: 10 días para tener un perfil con huella

Pasión	Estudiante de Grado en Ingeniería Informática, interesado en el diseño web, robótica y IoT. Me defino como una persona creativa, a la cual no le da miedo realizar sus ideas. Por ello, y gracias a la informática, puedo llevar a cabo mis locuras y además, lanzarlas al mundo entero.
Demostrando	Algunos de mis "locuras" (proyectos) han sido: » Un blog sobre las noticias relacionadas con los sintetizadores de voz de Crypton Future Media: https://hatsunemikuesp.blogspot.com.es/ » 3 servidores multijugador de un videojuego. » Un canal en Youtube con contenido de humor: https://www.youtube.com/user/Sergiosanta19 » Una página web "Wired-7.org", una 'imageboard' anónima (un foro anónimo) que permite al usuario máxima libertad de expresión. En la web se discuten desde temas serios, como política, hasta temas mundanos, como música o hobbys personales.
Sus valores y lo que le gusta	El emprendimiento y la creatividad son unos de mis mejores aspectos. Cada nuevo proyecto se convierte en el centro de mi vida y no puedo parar hasta completarlo. ¡Trabajar en algo nuevo es lo que más me motiva! En lo personal, me veo como una persona centrada, seria y confiable. Debido a que yo soy el propio creador de mis proyectos (no puede ser de otra formal), suelo tomar el rol de líder al trabajar en equipo y buscarme la vida para afrontar cualquier problema que surja.
Palabras clave	Diseño Web	Robótica	IoT	Internet of Things	Programación Web Development	Robotics	IoT	Programming
Multimedia	Media (1) Evento de GDG (Google Developers Group) Burgos 2017

PAULA PÉREZ TOLEDO

- Fíjate en la foto de fondo: ya está transmitiendo que quiere trabajar en RRHH
- En su titular profesional: ha hecho de todo. No se le caen los anillos. Pero también hace temas interesantes en redes sociales.

Curso de LinkedIn: 10 días para tener un perfil con huella

Invitar a conectar	▲ Si visitas mi Perfil Profesional, te agradecería que me envaras una invitación de contacto. Te acepto
Formación y qué más hace	▲ Curso Máster de RRHH de la UDIMA, Universidad a Distancia de Madrid. Si quieres saber cómo soy y conocer mis competencias, puedes leer este extracto, los 150 artículos de mi blog (Pulse), las publicaciones en mi feed en LinkedIn, y mi blog en LinkedIn Employer Branding: Empresas con mejores programas para jóvenes universitarios En este blog publico artículos, y videos sobre los mejores Programas de Employer Branding, y Employee Advocacy que tienen las empresas para Jóvenes Universitarios, así como noticias sobre Másteres de Recursos Humanos y Ferias de Empleo ▲ En Junio, 2016 obtuve el Grado de RR.LL y RR HH por la Universidad Complutense, pero soy consciente de que necesito seguir formándome para ser una Profesional de RRHH. Por ello, y después de un largo proceso de selección he elegido la Universidad a Distancia de Madrid, UDIMA para cursar su Máster Universitario en Gestión y Dirección de Recursos Humanos He comenzado en Octubre 2.107 ▲ Una vez finalizado el Máster de RRHH en la UDIMA, mi propósito es la de desarrollar mi carrera como profesional de RR HH en alguna empresa de Madrid
Primeros trabajos	▲ PROPUESTA DE VALOR Y EXPERIENCIA ▲ El 01/12/2017 he empezado a trabajar en Carrefour (Madrid): Servicio atención al cliente y servicios de caja ▲ Desde Enero de 2.017 hasta el 27 de Septiembre de 2.017 he trabajado como dependienta, cajera, reponedora, etc. en Supermercado Dealz España , c/Bravo Murillo Madrid ▲ De Noviembre a Diciembre de 2.016 he trabajado como dependienta, cajera, en "Jungle Bells" Navidad 2016 Palacio Santa Bárbara, Madrid ▲ De Agosto a Noviembre de 2.016 he trabajado como dependiente, vendedora, cajera, en Kiabi (Madrid: Ropa Jóvenes
Enfoque de su carrera	▲ De Marzo/2016 a Mayo/2016 contrato de prácticas como becaria en el Dpto. de RR HH en la empresa Analiza ▲ Desde Marzo/2017 soy embajadora de marca de beBee ▲ Twitvideocurriculum@gmail.com
Contenido multimedia	Contenido multimedia (12)

BUSCANDO TRABAJO

Sigue siendo importante mantener el extracto con los mismos valores que hemos comentado anteriormente:

- Tu objetivo
- Tus logros
- Cómo haces las cosas
- Llamada a la acción: aquí puedes especificar que estás buscando un puesto en algún tema concreto.
- Palabras clave

Te dejo aquí el ejemplo de uno de un perfil en su momento de búsqueda de trabajo.

- Qué hace: captación, desarrollo y fidelización de clientes
- Cómo lo hace: soluciones creativas y experiencia de cliente
- Hashtag: #ONO (Open to New Opportunities)

Lema profesional	Apasionada por escuchar, entender, gestionar y edificar sólidas redes de clientes.
¿Cómo lo hace?	¿Cómo ayudo? • Ayudo a los clientes a mejorar resultados: - Dando sentido y utilidad a la información del cliente (inteligencia de mercado, análisis cualitativos y cuantitativos, KPI's) para conseguir los objetivos. - Mejorando la gestión de los equipos y proyectos.
Demostrando	• Acostumbrada a dirigir y formar equipos de hasta 10 personas, en entornos con alto nivel de exigencia y multiculturales, durante más de 11 años en multinacionales de diferentes sectores (telecomunicaciones, energía, banca, seguros y turismo). • He colaborado de forma directa y con el apoyo incondicional de los socios responsables y equipos, en la captación y fidelización de 9 grandes clientes que han supuesto un 25% del volumen de mi empresa, además de diversificación de cartera. • MOTIVACIÓN, CONSTANCIA Y ESFUERZO me definen. Con permanente ganas de aprender. Me gustan los retos. Áreas de experiencia: 1. Realización de informes de conclusiones que ayudan a tomar decisiones estratégicas y tácticas. 2. Rentabilidad para el cliente y para la empresa. 3. Metodología de inteligencia de mercado para identificar mejores prácticas y oportunidades de negocio. 4. Gestión y formación de equipos de trabajo orientado a objetivos y con buen ambiente de trabajo.
Llamada a la acción con lo que puede aportar	Busco una oportunidad en marketing y ventas en una empresa multinacional, donde contribuya al desarrollo de negocio, captación y gestión de nuevas cuentas, analizar el propio mercado y competencia, conocer lo que demanda el comprador y mejorar la experiencia de cliente, detección de nuevas oportunidades de negocio, negociación, colaborar con diferentes áreas de marketing y consecución de objetivos cualitativos y cuantitativos.
Palabras clave	Inteligencia de mercado	Marketing	Ventas	Experiencia de cliente	Gestión de proyectos	Soluciones creativas e innovadoras	Líder motivador| Formación y desarrollo de equipos.

¿Y SI SOY EMPRESA?

Lo ideal es tener una plantilla tipo donde todas las personas se puedan inspirar.

No se trata de hacer un "copia y pega" de las palabras exactas que dice la empresa. Otra vez hay que buscar el equilibrio entre la libertad de la persona y la forma de desarrollar su talento y dar visibilidad a la empresa a través de la persona.

Por ejemplo, una plantilla tipo puede ser:

- Primer párrafo: mostrar cuál es tu pasión en el trabajo y tu objetivo de estar en LinkedIn. Ya sé que estás en LinkedIn para captar clientes. A las personas nos gusta comprar, no que nos vendan. Esa primera línea tiene que ir dirigida a temas de conversación que tu cliente también se pueda sumar. No a la venta de un producto o servicio.
- Cómo ayudas: aquí vendría la parte que como empresa queremos comunicar. ¿Cuáles son nuestros valores diferenciales? ¿Cómo es nuestro proceso de trabajo? Y aunque demos una idea general, cada persona la expresa de su forma particular y llamada a la acción (visitar web). Se pueden poner algunos clientes de referencia.
- Los valores de la persona y su forma de trabajar.
- Palabras clave por las que quiero ser encontrado.

El perfil es básico porque nos da la orientación de lo que queremos comunicar. Es el punto de partida para centrar el contenido que vamos a compartir.

Aquí te dejo tres extractos de profesionales de una empresa que ya vimos anteriormente. Como empresa se diferencian no sólo en que son excelente en tecnología y análisis, sino que son capaces de ponerse en la piel del cliente para priorizar sus necesidades y resolver sus problemas. El dato y la analítica solo es el punto de partida para acompañarlos a corto y medio plazo en labor de consultoría.

Aquí os dejo ejemplos de cómo decir lo mismo de distinta forma en cómo aportan valor dentro de la empresa, y respetando también el valor de cada persona.

David Díaz Robisco

Idoia Iceta Hernández • 1st

Energy CEO | Boosting digital solutions for operators and maintainers combining our domain and analytics knowledge

NEM Solutions • Universidad de Navarra

Pamplona Area, Spain • 500+

[Message]   [More...]

All my career has been linked to my two passions, renewable energy and data analytics. I believe in people who see the technology as a way to make our life better. Currently, leading NEM Solutions' t...

Pasión	All my career has been linked to my two passions, renewable energy and data analytics. I believe in people who see the technology as a way to make our life better.
¿Cómo lo hace?	Currently, leading NEM Solutions' team as Energy CEO, I pursue to keep our leadership extracting the maximum value from data for Operators and Maintainers. ↻ OUR DRIVERS are: ① Customer centricity because our insights allow them to define step by step how to achieve an ambitious and collaborative digital roadmap. Think Big, Start Small ② To combine Edge 2 Cloud technology with advanced analytics excellence to make data driven knowledge available across the company ③ Far from digital boom, I pursue to consolidate the bases for advancing firmly toward an ever increasing adoption of technology to optimitize the operation and maintenance in renewable energy
Llamada a la acción	For more info: www.nemsolutions.com
Valores empresa	↻ OUR TEAM: What defines a NEMer? → Passion, Proud and Talent → Creativity → Effort → Challenger → Technology lover → Life enjoyment and balance
Llamada a la acción	For more info: https://youtu.be/9Yhjc3dlnwY
Valores personales	▶ MY VALUES: my personal drivers are: ✓ Courage and open mind ✓ Challenge ✓ Transparency ✓ Analytics and open communication ✓ Empathy and coherence
Llamada a la acción	If you share my vision and my values, It will be a pleasure to be connected!
Palabras clave	Renewable Energy	Data Analytics	O&M	New Technologies	Digital Services

Pasión	I enjoy adding value to the data. I consider the data as a starting point to provide creative and humane solutions that improve the day to day of the companies.
¿Cómo lo hace?	As NEM Solution's Mobility CEO, I try to understand customer's needs and targets, extracting the maximum value of its data. Based on that, I like to define and execute a middle and long-term strategy with our partners in order to improve costs, productivity and efficiency. ◌ OUR DRIVERS IN NEM ◉ CUSTOMER CENTRICITY: We like to read between the lines, understanding the real needs of our customers and going one-step ahead. ◉ ANALYTICS AND KNOWLEDGE: Combining domain expertise and Analytics in order to solve complex problems with real data driven strategies. ◉ Far away from theory I like to MAKE THINGS HAPPEN. Ensuring customer's needs, we define the digital strategies across the complete value chain in order to make things happen.
Llamada a la acción	For more info: www.nemsolutions.com www.nemsolutions.com/rail/
Valores empresa	◌ OUR TEAM: What defines a NEMer? → Passion, Proud and Talent → Creativity → Effort → Challenger → Technology lover → Life enjoyment and balance
Llamada a la acción	For more info: https://youtu.be/9Yhjc3dlnwY
Valores personales	▼ MY VALUES: ✓ Empathizing and Understanding real needs. ✓ Commitment, effort, persistence, loyalty and honesty ✓ Explorer mentality, positive thinking.
Llamada a la acción	If you like to see beyond the data, it will be a pleasure to be connected!
Palabras clave	Mobility	Digital Rail	A.U.R.A.	Smart Maintenance	Smart Data	Diagnosis	Prognosis

Pasión	The assets Operational Data are the key enabler for taking Strategic Action!
¿Cómo lo hace?	When dealing with digital and analytics services, the most important thing has become to identify the real customer needs and provide solutions that give the desired results. At the end, the digital services and solutions are a means to achieve them but it is the people experience who make the difference in the implementation and development of the right customer services. This is why I am very passionate about the success of my customers while connecting them with the right resources and technological developments while pursuing their energy revolution journey! ⊙ How could I support you? ① Understand your O&M Digital and Analytics strategic needs. ② Connect your needs with Technological Resources that will support your O&M Strategic Roadmap. ③ Improve your assets performance, Saving Costs and Maximizing Productivity. For more info: www.nemsolutions.com
Llamada a la acción	
Valores personales	▶ What are my personal values? ✓ Vision oriented and focus on personal development. ✓ Empathic and multicultural because I have lived in different continents and worked in different sectors and areas. ✓ Very methodical, because I take care of the presentations as much in the content as in the form. ✓ Support the positive change.
Palabras clave	Renewable Energy	Data Analytics	O&M	Digital Services

Si quieres que te eche una mano en tu empresa, no solo en la elaboración de perfiles sino en la creación y comunicación de contenidos, puedes ver aquí mis servicios profesionales.

**Ve a tu libro de trabajo
Día 7 -Tu extracto**

Escribe tu extracto (máximo 2.000 caracteres). Revisa:
⇒Al está tu objetivo en LinkedIn o tu lema.
⇒Has incorporado tus logros o cómo ayudas.
⇒Incorporas tus valores (revisa cuaderno de trabajo día 1)
⇒Llamadas a la acción
⇒Palabras clave (en el extracto y/o al final).

Recuerda que tu imagen de fondo, titular y extracto tienen que tener coherencia.

PRIMERA LÍNEA

Vete al día 6 (página 175 y copia la primera línea)

CÓMO AYUDAS / LOGROS

Sé específico. Échate un vistazo al día 2, en especial lo que dicen de ti esas 5 personas (páginas 61 y 62). Repasa todos los ejemplos del libro que te van a inspirar.

VALORES

Revisa el día 1, mis valores. De esa tabla (páginas 45 y 46) mira los tres que has elegido. Repasa todos los ejemplos del libro que seguro te van a inspirar y puedes poner en relación esos valores con tu forma diferente de trabajar.

_____

_____

_____

_____

PALABRAS CLAVE

Repasa todos los ejemplos del libro que te va a inspirar. Incluye todas las palabras clave por las que te puedan buscar: xxxx | xxxx | xxxx |

_____

_____

PON TU PERFIL EN VARIOS IDIOMAS, PERO HAZLO BIEN

¿ES NECESARIO?

Es muy importante al elaborar tu perfil no mezclar los dos idiomas. Es una práctica que veo muy extendida. Tener una parte del extracto en castellano, y más abajo lo mismo en inglés.

Ahora un poquito más adelante vamos a ver cómo puedes tener el perfil en varios idiomas, pero sin mezclar.

¿Y en cuántos idiomas lo redacto?

Pues depende de tus objetivos y de tu red de contactos objetivo. Si no tratas con personas francesas o alemanas y son idiomas que tú no controlas, no tiene sentido hacer un esfuerzo para tener el perfil en ese idioma. Quizá, con tener el perfil en español y en inglés (idioma de los negocios) es suficiente.

Pero, si tu red de contactos en internacional y te relacionas en varios idiomas, deberías tener el perfil redactado en cada idioma con el que te relacionas para hacerle la vida más fácil al cliente.

¿Se puede conseguir que tu perfil salga en el idioma de tus contactos? Claro que sí. LinkedIn te permite redactar tu perfil en otros idiomas. Por ejemplo, si tienes un contacto que tiene el perfil en inglés, tu información le saldrá a ese contacto tal y como tú lo hayas redactado en inglés. No le saldrá en español. Redacta tu perfil en los idiomas que tú quieras.

Curso de LinkedIn: 10 días para tener un perfil con huella

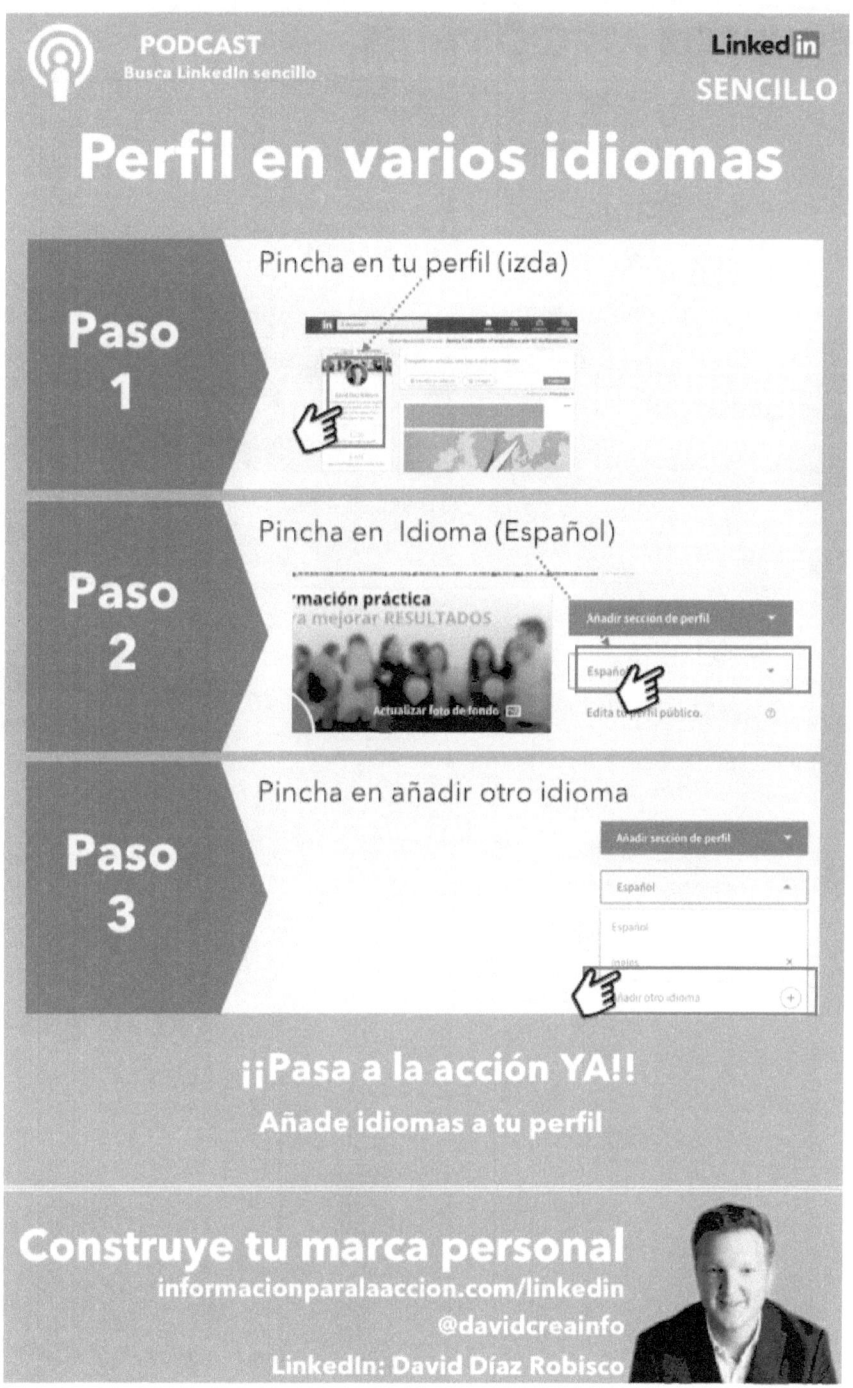

RECURSOS ADICIONALES

BLOGS PARA SEGUIR:

Recomiendo especialmente seguir para tema de búsqueda de empleo y marca personal no sólo por sus conocimientos sino por su humanidad a:

- Elena Arnaiz Ecker - Talento y Acción

- Jéssica Buelga: coaching, formación, recursos humanos y psicología.

- Curso gratuito de Leo Piccioli.

PODCAST

- Selling with social: para mí el podcast de referencia en venta digital con Mario Martínez Jr.

VIDEO TUTORIALES LINKEDIN:

- Cómo incorporar el extracto al perfil.

- Cómo tener el perfil en varios idiomas.

DÍA 8. TUNEANDO TU PERFIL

DI ADIÓS A LOS EXTRACTOS ABURRIDOS

Tiempo estimado de trabajo: 30 minutos + buscar multimedia

David Díaz Robisco

Que se nos vea guay

CÓMO HACER TU EXTRACTO ESCANEABLE
EJEMPLO DE UN MAL IMPACTO VISUAL

La era digital nos hace más visuales, y lo queremos todo a golpe de clic. No sé si os pasa a vosotros, pero cuando veo un párrafo de texto con muchas líneas y mucha letra se me quitan las ganas de seguir leyendo. Y por dos motivos:

- Sólo verlo, mi cabeza dice que será aburrido y que me llevará bastante esfuerzo leerlo.
- No puedo escanearlo, no puedo ver nada destacado.

Aquí te dejo un ejemplo de un extracto real, que es muy poco visual para que te hagas una idea a lo que me refiero. Está distorsionado para mantener la privacidad. Atención, no estoy diciendo que el contenido de este extracto no sea bueno. En este caso lo es y mucho. Sin embargo, es una pena que, teniendo buen contenido, sólo por el formato, muchas personas no lo lean.

BUENAS PRÁCTICAS

Vamos a ver algunas buenas prácticas para que esto no pase:

- Párrafos cortos y una línea en blanco entre párrafos: dos o tres líneas puede ser ejemplo de un tipo de párrafo. No lo tomes como literal, pero sí como referencia.
- Utilizar LETRAS MAYÚSCUAS al comienzo de los párrafos, como si fuese un titular. Puede servirte para introducir lo que vas a decir y llamar la atención: LO QUE LOS CLIENTES VALORAN DE MÍ, LOGROS PROFESIONALES, CÓMO TE PUEDO AYUDAR, ….
- Enumeración con guiones y líneas en vez de separado con comas. Ayudemos a que quede más visual.
- Incluir símbolos de texto: En la parte final de este capítulo tienes el enlace al artículo de Brynne Tillman, donde puedes copiar y pegar símbolos de texto para hacer tu perfil mucho más visual: Symbols to spice up your LinkedIn profile.

Si revisas los extractos del capítulo 7, verás que cumplen con estos criterios.

Aun así, te voy a dejar dos extractos más. El primero está en inglés, pero da igual, el efecto ya lo puedes ver.

EJEMPLOS

EL PRIMER PERFIL QUE ME IMPACTÓ

Como curiosidad, cuando empecé en LinkedIn en 2015, este fue el extracto que me cambió el chip cuando conectamos. Dije Wow, pero qué bien queda. Fíjate qué sencillo y con qué pocas líneas.

Y durante mucho tiempo tuve en mi perfil esas dos barras del final y que remarca los datos de contacto.

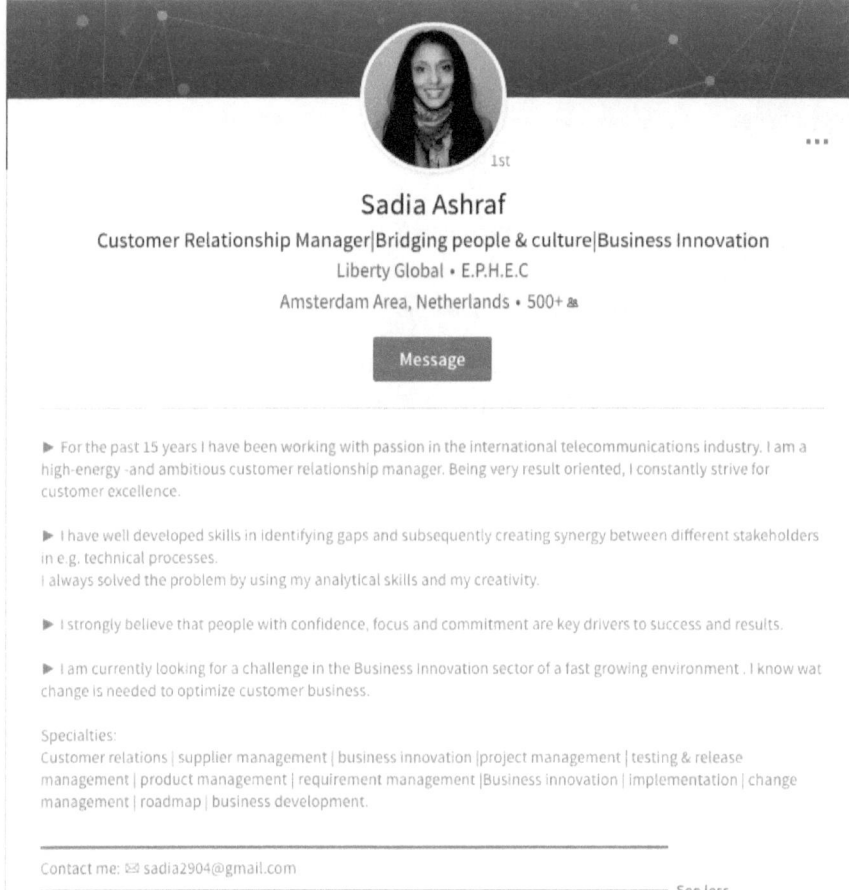

ALBERTO TEROL CONTHE

¿Te acuerdas que vimos su foto de fondo? Te la vuelvo a poner por si acaso.

    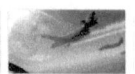

Ahora cuando veas el orden que tiene en su extracto, sólo pregúntate qué tipo de profesional crees que es Alberto y si te gustaría trabajar con él.

Acelerando la Transformación Digital de Iberia (Grupo IAG) para ser la primera aerolínea digitalmente conectada del mundo. Impulsando el cambio interno a través de la innovación en Procesos / Operaciones Digitales, Technología y Cultura.

— Mi carrera ha evolucionado a través de diversos roles relacionados con la transformación en el área de la Planificación Estratégica, el Desarrollo de Negocio, las operaciones de Marketing y la Transformación Digital en entornos B2B y B2C

✓ Liderando el área de Planificación Estratégica en 3M Iberia, trabajando con el Comité de Dirección y los Responsables de Ventas y Marketing para definir la estrategia de compañía y ejecutar los planes operativos
✓ Desarrollando un portfolio de productos industriales B2B en Europa, transformando las necesidades de los clientes en soluciones desarrolladas junto con equipos de R&D y Fabricación en Inglaterra y Estados Unidos
✓ Gestionando y desarrollando equipos de Marketing en Inglaterra, España y Portugal

_____

Intraemprendedor | Polymath | Knowmad | Networker activo | Rompiendo barreras y eliminando silos | Lema personal: "La especialización es solo para los insectos". (Robert Heinlein)

No dudes en contactarme si te apetece explorar nuevas redes de contacto o conversar sobre asuntos relacionados con el Marketing y el Desarrollo de Negocio:

🏛 +34 618045735 | aterol@mmm.com (trabajo) | albertoterolconthe@gmail.com (personal)
www.albertoterolconthe.com | @albertoterol | https://marketingstorming.com/author/albertoterol/
Certificado en Inbound y Content Marketing por Hubspot

Contenido multimedia (13) ⟨ Anterior Siguiente ⟩

Hoy, Iberia está cambiando 🎥   Iberia - Turista Premium 🎥

INCORPORAR ELEMENTOS MULTIMEDIA

PROVEEDORES ADMITIDOS

El perfil se puede enriquecer con elementos externos. En la parte final dejo el enlace de a los proveedores admitidos en el perfil de LinkedIn. Te diría que prácticamente puedes incorporar cualquier cosa. Si directamente no te deja, prueba con algún tipo de conversión seguro que puedes.

Aquí te dejo algunas ideas:

- Power Point, PDFs, fotos, Prezzi: dependiendo de tus objetivos, de lo que sea importante para ti.
- Vídeos: puedes enlazar directamente con Youtube o VIMEO.
- Enlaces: si tienes alguna publicación, si quieres redirigir a tu blog, a tu página web, o tu about.me.
- Slideshare: presentaciones que además de estar en tu perfil, los cargas en esta aplicación externa a LinkedIn. La ventaja, que también tienes visibilidad fuera de LinkedIn, pero sí por tu contenido.

Ojo, porque con las modificaciones del perfil 2018, el contenido multimedia sale con el perfil a primera vista. Ya no hace falta darle a ver más:

- En contenido de ordenador se ven hasta 6 elementos de golpe (o cinco más un indicador con todos los elementos que se pueden ver).
- En contenido móvil se ve el primer elemento, pero con el dedo se puede ir pasando.

Preocúpate de incorporar contenido multimedia

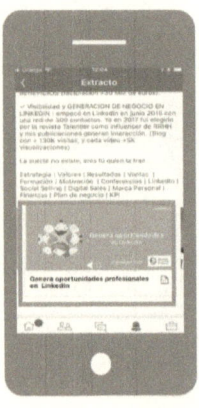

YO NO TENGO CONTENIDO MULTIMEDIA

Antes de decir que no tienes contenido multimedia aquí van algunas ideas:

- Página web de tu empresa, o tuya, o un about.me o similar: la home o algún vídeo o documentación sobre algún producto que se haya editado.
- ¿No has dado ninguna conferencia? ¿No has preparado alguna reunión interna en la empresa? Sé que puede haber contenido confidencial. Rehazla y ponla en slideshare.
- ¿Has escrito algún artículo o participado conjuntamente en alguna publicación? ¿Has participado en algún blog?
- ¿Qué tal grabarte un vídeo de bienvenida con tu móvil? Puedes contar a tus contactos por qué les interesa estar conectados contigo. Te dejo aquí el enlace al mensaje de bienvenida que tenía y se titulaba ¿por qué merece la pena que estemos conectados?. Si no te gusta dar la cara, a lo mejor puedes hacer un montaje sin salir tú.

Tu tarea, tu turno

**Ve a tu libro de trabajo
Día 7 -Tu extracto**

Aunque sea el día 8, revisa el día 7, donde has juntado todas las partes del extracto.

Vamos a tunearlo:
⇒Párrafos cortos: dos o tres líneas y espacio entre párrafos (una línea en blanco).
⇒Usa mayúsculas para destacar lo importante.
⇒Usa caracteres especiales

Busca contenido multimedia y súbelo.

RECURSOS ADICIONALES

VIDEO TUTORIAL LINKEDIN:

- Incorporando multimedia al perfil de LinkedIn.

ARTÍCULOS ADICIONALES

- Symbols to spice up your LinkedIn profile: es un artículo de Brynne Tillman para "tunear" tu perfil. No hace falta ni que sepas inglés. Puedes copiar y pegar lo que más te guste.

NORMATIVA LINKEDIN:

- Proveedores admitidos en el perfil de LinkedIn: aquí puedes consultar todos los tipos de adjuntos que puedes incorporar a tu perfil. Yo creo que es compatible con casi todo. No te queda excusa para no subir algo.

Curso de LinkedIn: 10 días para tener un perfil con huella

DÍA 9 MI EXPERIENCIA

CUÉNTAME QUÉ HAS CONSEGUIDO

Tiempo estimado de trabajo: 45 minutos

EXPERIENCIA

ESTA PARTE SÍ ES COMO TU CV

Hemos comentado al principio que **TU PERFIL DE LINKEDIN NO ES TU CV.**

Todo lo que hemos visto hasta ahora ha ido enfocado a poner en valor cómo puedes ayudar a tus clientes y en qué eres diferente.

Las personas que visitan tu perfil posiblemente ven la imagen de fondo, tu titular profesional, la primera línea del extracto y luego desplieguen ver más para leer tu extracto al completo.

Si tienen alguna duda más, entonces ya sí que mirarán tu experiencia profesional. Y allí querrán ver no solo tu puesto de trabajo, sino también de todo aquello que has sido capaz de hacer y conseguir.

Seguro que algunas de estos logros son la base de lo que estás ofreciendo en tu extracto como valor diferencial. Pero es aquí, donde tiene cabida la parte de CV más tradicional.

Y si ves que completando esta parte hay algo importante que no tienes en tu extracto, aprovecha para completarlo.

A TENER EN CUENTA

ÚLTIMA ACTIVIDAD

En tu perfil, aparece tu último puesto de trabajo. Y aparece muy visible con la actualización de LinkedIn 2018.

Si tienes varias actividades, ten muy presente qué empresa pones la última, porque esa es la que aparecerá en tu perfil.

Puedes utilizarlo para poner tu nombre de empresa, o para poner una actividad que realices.

Te dejo aquí el ejemplo de Alex López (el número 1 en castellano), que tiene varias actividades: ponente, propietario de sartia y cofundador de textilae.

Ha elegido última actividad Ponente de social selling. Y no ha puesto el nombre de la empresa sino su actividad.

Te dejo el detalle de Alex López y un vídeo de cómo ordenar en tu perfil tu experiencia.

Alex Lopez Lopez • 1st

Profesor de Social Selling & Digital Selling / En el Top 20 Mundial Influencers #SocialSelling / Director en Sartia

Barcelona, Catalonia, Spain

[Message] [More...]

 FORMADOR LINKEDIN & SOCIAL SELLING EN...
 EAE Business School
 See contact info
500+ connections

Actualmente en el Top 20 Mundial de Influencers Social Selling. Colaboro como formador de Linkedin y Social Selling & Digital Selling en IESE Business School, ISDI, ESADE, Universidad de Deusto, ISEM, EAE, FUNDESEM EUNCET, EADA, UPC, UPF, ICEMD o Universidad de La Salle. Mas de 1500 empres...

     +12

Experiencia

PONENTE INTERNACIONAL SOCIAL SELLING & LINKEDIN
PONENTE SOCIAL SELLING
ene. de 2011 – actualidad • 7 años
España

Actualmente entre el Top 20 Mundial de Influencers Social Selling según el informe de Onalytica
Ponente internacional sobre Linkedin & Social Selling en Argentina, Uruguay, Andorra, Portugal, Guatemala y Chile.
Publicación de articulos en Forbes, El Mundo, El Pais, Emprendedores, Heraldo de Aragón, El Periodico de cataluña, Distribución Actualidad, RRHH Digital, E-Show, Las Provincias, Modaes, Observatorio RRHH, Asaretail Argentina, Comunicarse y Gestión Personas Uruguay

Contenido multimedia (10)   ‹ Anterior   Siguiente ›

Sesión IESE Barcelona "7 Claves Linkedin 2016"

Congreso Guatemala Retail 2015

NOMBRE DE EMPRESA Y PUESTO

Cuando incorpores el nombre de la empresa, fíjate para ver si esa empresa está dada de alta en LinkedIn.

Si es así, pincha su logo para que, al lado del nombre de la empresa y tu puesto, aparezca en el perfil el logo. Tienes el tutorial al final de este capítulo.

Si es tu empresa y todavía no tienes página abierta en LinkedIn, al final del capítulo tienes un tutorial para que veas lo fácil que es abrir un perfil de empresa. Recuerda que no la puedes abrir con perfil personal porque va contra las normas.

En el cargo, aquí sí que tienes poner tu puesto de trabajo, tu cargo. No hace falta decir el para qué. Para eso ya está el titular profesional. Este campo está indexado para las búsquedas. Si alguien sabe que trabajas en una empresa, no sabe tu nombre y apellidos bien, pero sí tu puesto, qué palabras pondría para buscarte.

En la descripción pon los objetivos que has conseguido, o al menos qué funciones realizabas.

Y si puedes, incorpora contenido multimedia a ese puesto de trabajo.

Aquí te dejo los inicios de mi experiencia para que veas la evolución y la descripción. No hay que poner lo que no has hecho (poner demasiado perfume), pero el que te lee, que sepa realmente lo que has hecho:

Dirección Financiera y Compras de leche
Luxtor, S.A.
nov. de 1998 – may. de 2000 • 1 año y 7 meses
Ávila

Empresa de Telepizza (fabricación de mozzarella) > 30 MM de euros de facturación.

En un año se cambió la tendencia de la empresa de pérdidas a beneficios, mejorando la gestión de la empresa en el área de compras e inventarios e implantando un sistema de presupuesto, de control de gestión (costes ABC) y de reporte a Telepizza

Analista de Inversiones
Telepizza
mar. de 1997 – oct. de 1998 • 1 año y 8 meses

Dependencia directa de Dirección General.

Participación en el proceso de compra por integración vertical de dos proveedores, analizando el sector, las cuentas de resultados y su coherencia, haciendo proyecciones para su seguimiento y estableciendo una valoración de la misma.

Estudios de mercado de nuevos negocios: sectores y empresas.

Comercial
Banco Zaragozano
may. de 1996 – mar. de 1997 • 11 meses
Madrid y alrededores, España

Plan Formativo de Directores de Sucursal.
Conocimiento de todos los puestos de trabajo de la sucursal.

Beca de Formación
Arthur Andersen & Co.
1995 – 1995 • menos de un año
Madrid y alrededores, España

Alpha Corporate (departamento de Consultoría Estratégica).
Colaboración en la realización de estudios de mercado y valoraciones de empresa.

Y si la empresa es tuya, en la descripción puedes poner los beneficios de lo que ofreces, y contenido multimedia. No olvides tunearlo:

Curso de LinkedIn: 10 días para tener un perfil con huella

Experiencia

Facilitador - Ayudando a través de la formación a mejorar resultados de medianas y grandes empresas
Información para la acción
ene. de 2015 – actualidad · 3 años
Madrid · Castilla y León

Tú eres al personas que más sabe de tu negocio. Tienes ideas y las quieres llevar a cabo. Tu tiempo es limitado, necesitas ponerte en marcha y tener método para mantenerlo.

Ayudo al nivel C en medianas y grandes empresas a que las cosas sucedan en tres áreas:

❶ ¿Quieres ser MAS VISIBLE, construir tu MARCA PERSONAL y GENERAR POTENCIALES CLIENTES? - LINKEDIN SENCILLO

¿Quieres ir más rápido y evitar errores? Visita mis servicios en
http://informacionparalaaccion.com/linkedin

Busca en tu app de podcast favorita LINKEDIN SENCILLO para estar al día. El podcast en castellano sobre linkedin con más recomendaciones y comentario positivos en itunes España.

❷ ¿Quieres que tus equipos VENDAN MÁS Y MÁS RÁPIDO? - ENAMORA A TU CLIENTE
Formación personalizada a tu empresa, a tu mercado y a tus necesidades con una parte de los honorarios sujeta a resultados medibles.
Partiendo de un conocimiento de tu sector (cliente misterioso, hablar con tus equipos de venta) y ORIENTANDO LA FORMACIÓN A MEJORAR ALGUNO DE TUS INDICADORES (porcentaje de cierre, venta cruzada, mejora de una gama de producto, ...)

Visita el enlace http://informacionparalaaccion.com/enamora-a-tu-cliente/

❸ ¿Quieres RETENER TALENTO, DESTAPAR EL POTENCIAL DE TUS EQUIPOS y fomentar el ORGULLO DE PERTENENCIA?
Con estas formaciones trabajamos desde la persona. No qué puede hacer la empresa por la persona. Damos herramientas a las personas para que encuentren su motivación, su razón de ser, sus valores y los ponga al servicio suyo y de la empresa. Creemos que personas felices hacen empresa rentables. Y en esa felicidad la parte personal y profesional van unidas.
Esta formación la realizo con Beatriz G Barbeito.

Visita el enlace: http://informacionparalaaccion.com/feliz-y-rentable/

Información para la acción es mi marca comercial (DAVID DÍAZ ROBISCO)

Contacta conmigo para formaciones, conferencias o para impulsar tu empresa
✉ david@informacionparalaaccion.com

Contenido multimedia (3)   ⟨ Anterior   Siguiente ⟩

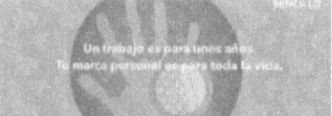

¿Cómo puedo ayudarte a ser un referente en LinkedIn?

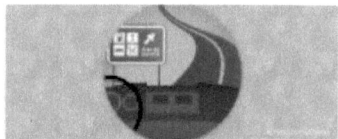

Cerrando ventas sin ser agresivo: 10 trucos que aprendí de un área de servicio.

Tu tarea

Recuerda completar tu experiencia, siempre pensando en los logros que has conseguido o en las tareas que has realizado.

Puedes pedir tu historia laboral (a la Seguridad Social en España) o al organismo correspondiente de tu país. Ahí te saldrán las fechas de inicio y fin de cada trabajo.

Puedes probar aquí a escribir orientado a logros o tareas, o directamente escribirlo en LinkedIn

Trabajo 1

Puesto

A lo que se dedica la empresa, tu responsabilidad o tareas y tus logros.

La empresa XXX está en el sector de XXXX.

MI responsabilidad consistía en XXXXX logrando XXXXX

Rellena tu experiencia y logros aquí:

EDUCACIÓN

Es importante rellenar estos campos de Universidad / Titulación / Disciplina Académica. Sobre todo, ordenarlos. La que aparece en primer lugar (puedes ordenar la educación) aparecerá en la parte superior de tu perfil de forma visible.

Si has tenido notas muy brillantes, lo puedes incorporar aquí también y alguna breve descripción.

Es importante incluir tus datos de educación universitarios, sobre todo porque LinkedIn te ayudará a contactar con personas que han estudiado contigo. Y es una buena forma de empezar a crecer en tu red de contactos con personas cercana.

¿Y si tu educación ha sido la Universidad de la vida? La tendencia es buscar a personas por todo lo que han conseguido en la vida y lo que pueden aportar. No por su educación.

Personalmente valoro mucho más el extracto que la educación. ¿Te acuerdas al principio que te hablaba de ir a la montaña con sherpa del lugar o con la última tecnología? Todavía existe «titulitis», pero cada vez se valora más lo que puedes ofrecer.

APTITUDES

Este es el espacio para volver a destacar las palabras clave por las que quieres que te busquen.

Aquí tienes dos opciones:

- Poner tú la palabra clave
- Escribir la primera línea y que LinkedIn te haga la sugerencia.

Échate un vistazo a la parte del extracto (capítulo 3), a esas palabras clave por las que queríamos que nos encontrasen e incorpóralas aquí.

En principio, las personas que te conocen pueden validar tus aptitudes.

Muy importante el orden

Visibles aparecerán solo las tres primeras.

.

OTROS

EXPERIENCIA EN VOLUNTARIADO

Se comenta que es un área valorado por los head-hunters.

LOGROS

Aquí tienes para incorporar:

- Certificaciones:
- Cursos
- Reconocimientos y premios
- Idiomas
- Patentes
- Proyectos
- Publicaciones
- Calificación de prueba
- Empresa

INTERESES

Aquí puedes seguir a empresas, personas, grupos de LinkedIn o Universidades.

Tan fácil como ir a la barra de búsqueda e irlos incorporando.

Tu tarea, tu turno

Día 9 - Esta parte es como tu CV

Experiencia:
⇒ ¿Has rellenado tus logros? ¿Has incoporado multimedia de cada empresa?
⇒ ¿Figura en primer lugar el que quieres que salga en el perfil?

Educación:
⇒ ¿Has puesto en último lugar el que quieres que aparezca en primer lugar?

Aptitudes:
⇒ Que figuren en primer lugar las más relevantes.

Rellena voluntariado , logros e intereses

RECURSOS ADICIONALES

VIDEO TUTORIALES LINKEDIN:

- Cómo se ordena la experiencia profesional.

- Completando la experiencia profesional.

- Cómo pinchar el logo de tu empresa.

- Cómo rellenar la educación.

- Incorporando aptitudes.

- Incorporando voluntariado a tu perfil.

- Incorporando logros.

- Incorporando intereses.

ARTICULOS:

- ¿Por qué tener una de empresa en LinkedIn?: uno de mis artículos que además te explica cómo abrir el perfil.

NORMATIVA LINKEDIN:

- Proveedores admitidos en el perfil de LinkedIn: aquí puedes consultar todos los tipos de adjuntos que puedes incorporar a tu perfil. Yo creo que es compatible con casi todo. No te queda excusa para no subir algo.

David Díaz Robisco

DÍA 10. OTROS ASPECTOS

A POR EL 10

Tiempo estimado de trabajo: 30 minutos

Nos gusta contactar como queramos: unas veces por LinkedIn, otras por mail, por Skype, Twitter, ...

Deja muy claro en tu perfil todas las formas que tienen de contactarte

VISIBILIDAD FUERA DE LINKEDIN

PERSONALIZAR LA URL

¿QUÉ PODEMOS PONER?

La URL de tu perfil público sirve para que los buscadores la indexen (no LinkedIn). Además, es el enlace que tienes que usar para acceder a tu perfil de LinkedIn.

Por defecto, LinkedIn te asigna una URL con tu nombre y apellidos y letras y números:

LinkedIn.com/in/david-diaz-robisco-b4074a2a

Aquí tienes varias opciones:

- Dejarla tal y como está.
- Quitar los números y dejar tu nombre y apellidos.
- Poner tu especialidad (aquí sí, en el nombre y apellidos no).
- Poner el nombre de tu empresa u otra opción.

El campo de la url tiene entre 5 y 30 letras y/o números, sin caracteres especiales ni espacios. Da igual que uses mayúsculas o minúsculas porque LinkedIn no las distingue.

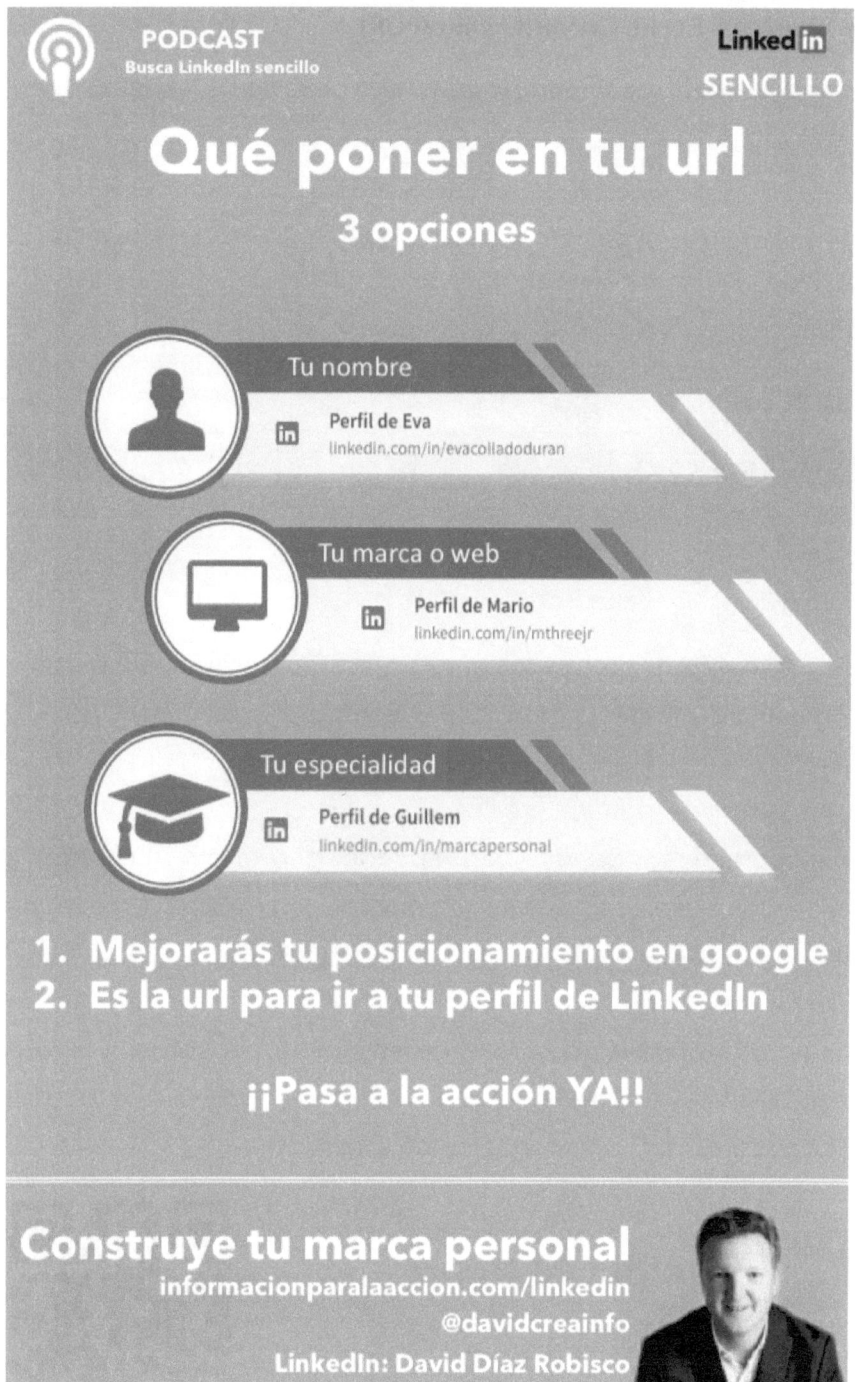

PROBLEMAS EN EL CAMBIO DE LA URL

Si cambias la URL de tu perfil y has tenido poca actividad en LinkedIn, no hay problema.

Pero si has sido activo ten cuidado porque tendrás que revisar todos los sitios donde tenías enlazado tu perfil de LinkedIn y volverlo a cambiar:

- firmas de tus correos,
- página web o
- publicaciones.

Mucho ojo, pierdes todos los enlaces. Los primeros días funcionará tu url antigua y la nueva, pero con el tiempo sólo funciona sólo la url nueva.

No me parece muy grave, aunque puedes perder oportunidades. Si una persona está dispuesta a contactar contigo, te buscará por nombre y apellidos.

Se puede cambiar la url hasta 5 veces en 180 días. Yo creo que es más que suficiente para ir probando. Pero ojo, piénsalo un poquito antes de cambiar la url porque existe ese límite.

Cambia ya tu url

CREAR INSIGNIAS DE PERFIL PÚBLICO

Es otra de las posibilidades (además personalizar la url) de atraer tráfico a tu perfil de LinkedIn y también es gratuita.

No soy muy partidario de usarlas. Prefiero dirigir a las personas desde LinkedIn a tu página web. Pero si por algún motivo necesitas que sea acceda rápido a tu perfil es una buena opción:

- Vas a dar una conferencia quieren tu perfil en LinkedIn.
- No tienes web, y quieres facilitar el acceso a tu perfil.
- Cualquier otro motivo que te interese redirigir a LinkedIn.

A continuación, te lo dejo de forma gráfica cómo hacerlas.

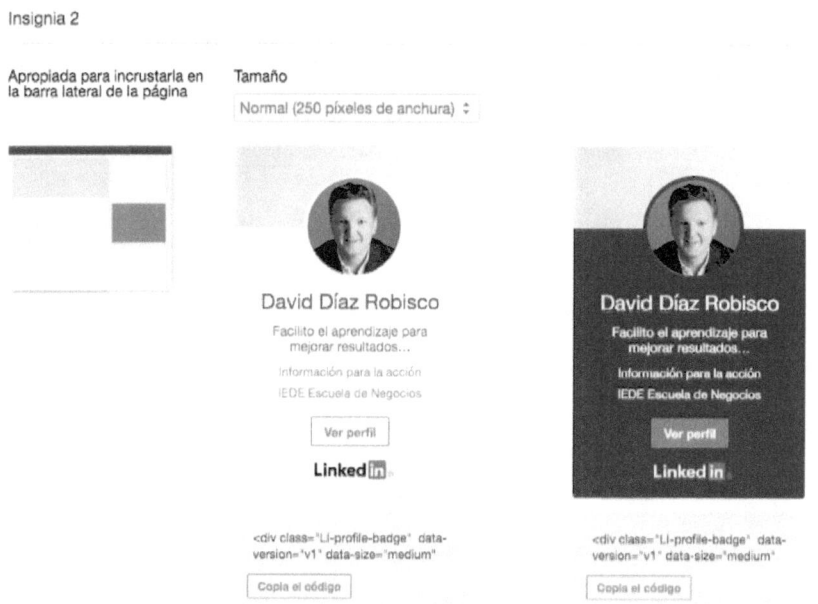

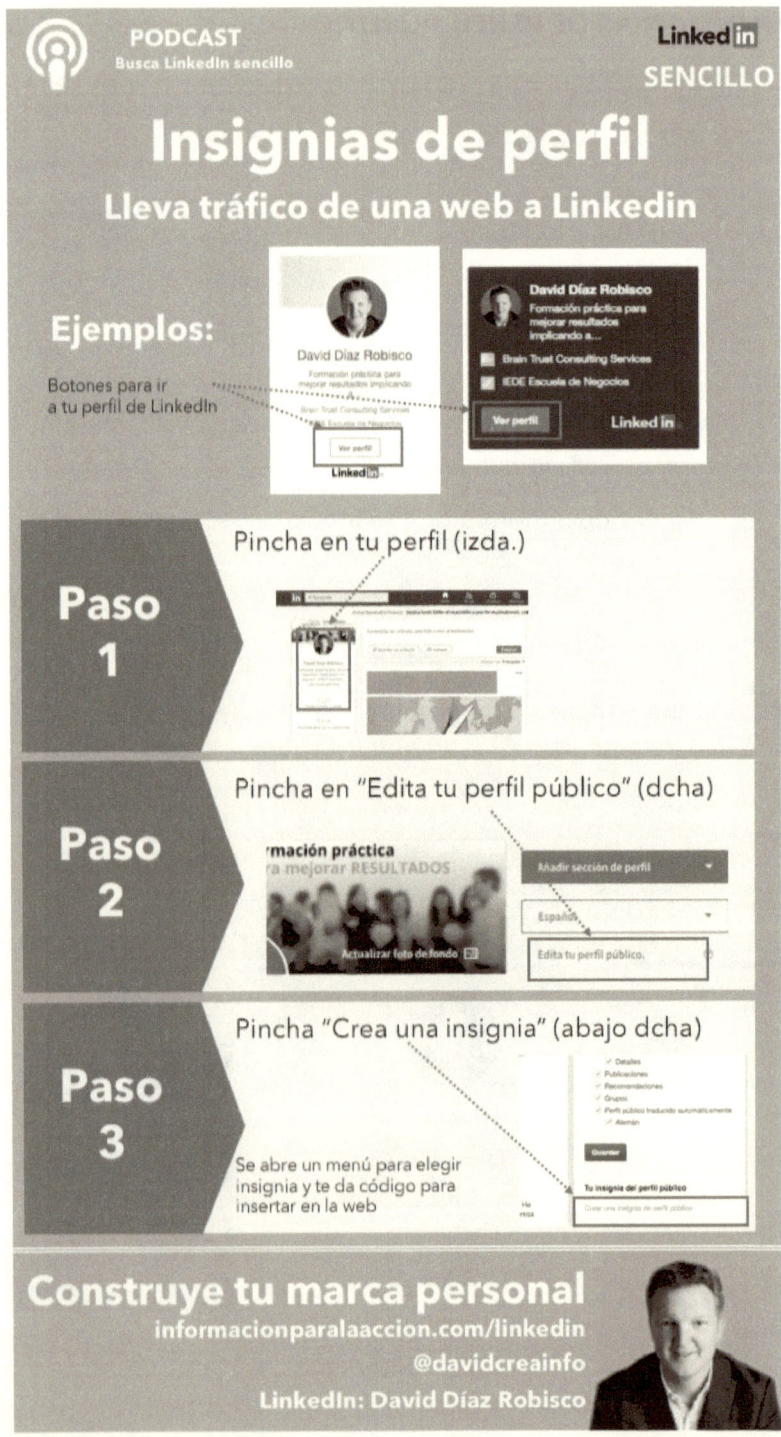

DATOS PERSONALES Y DE CONTACTO

Es importante rellenar estos campos para facilitar la forma que quieres que otros profesionales se pongan en contacto contigo fuera de LinkedIn. Tu web, correo electrónico, teléfono, otras redes sociales o mensajería como Skype. Afortunadamente, en la nueva versión de LinkedIn se puede acceder a ellos de forma muy sencilla.

Ten en cuenta que somos omnicanal. Cada profesional quiere acceder contigo como quiera. Unas veces le vendrá más a mano linkedin y otras veces el mail, teléfono, twitter, Skype o lo que quiera. Vamos a ponerlo fácil.

URL DEL SITIO WEB

En LinkedIn, puedes tener varios accesos a páginas web distintas:

- Tu página web personal, o tu about.me.
- Página web de empresas o proyectos con los que colaboras.

Te recomiendo que las uses. Incluso, si en tu página web tienes varias páginas de producto distintas, también las puedes incorporar.

Tienes un video al final de capítulo para que veas como se hace.

¿ya has metido todas tus web para estar más localizado?

DIRECCIONES DE CORREO ELECTRÓNICO

Puedes incorporar todos los correos electrónicos que tengas. Pero ojo, como principal te recomiendo que pongas el tuyo personal.

Es al correo principal donde llegan todas las notificaciones de LinkedIn. Y es una pena que por un cambio de trabajo (obligado o no), tengas problemas para acceder a tu cuenta y no recibas las notificaciones.

Pon todas las cuentas de correo electrónica que tengas. Puedes acceder con todas ellas

Yo tengo metidas todas las cuentas de correo que tengo. No, no estoy loco, las gestiono todas con una única cuenta en Gmail donde también aprovecho los filtros para clasificar las notificaciones de LinkedIn: contacto / menciones y correos de LinkedIn

Incorpora todos los correos

MENSAJERÍAS Y OTROS

Este es el apartado para rellenar los datos que quieras:

- Teléfono
- Redes sociales (Twitter, Facebook, …). Con Twitter te permitirá poder publicar tus actualizaciones a la vez en Twitter y LinkedIn. Personalmente no lo uso mucho porque en LinkedIn mis actualizaciones son más de 280 caracteres. Pero te puede venir bien.
- Dirección física
- Cumpleaños: personalmente, a todas las personas de mi red (1º grado) que están conectadas, les felicito el cumpleaños. Sólo hay que felicitar, sin ningún fin comercial. Y también me gusta que lo hagan conmigo. Es una excusa para mantener contacto por lo menos una vez al año.

RECOMENDACIONES

Que no te entren los agobios. Más vale poco y bien que mucho y mal.

El problema de las recomendaciones es que son públicas. Y todo el mundo puede verlas. Si recibes una recomendación muy formal, sin mojarse, casi está diciendo que no merecía la pena colaborar contigo.

Las que surjan, que sean auténticas. Dile a la otra persona qué temas te gustaría que destacase de ti. Que se moje.

Recomendaciones cruzadas (tú me das, yo te doy) no funciona. No es un tema de número, sino de calidad.

¿Y MI PRIVACIDAD?

No te preocupes. Tú puedes seleccionar qué ven y no ven tus contactos y si personas externas pueden ver tus contactos.

DE TU NOMBRE Y APELLIDOS

Puedes ocultarlo para que sólo sea visible a las personas de tu primer nivel de contactos. Es decir, los que están conectados contigo sí pueden ver tu nombre y apellidos completos. Sólo permanecerán ocultos para quienes no son tus contactos.

No te encontrarán fácilmente y serás tú quién decida con quién estar conectado. Para ser una red social, no me parece lógico. Pero por si tienes algún motivo, al final de este capítulo tienes un vídeo.

DE TUS CONTACTOS

¿Y de mis clientes y proveedores? Puede que sean visibles solo para ti. Pero ojo, pueden ver tus contactos:

- Los contactos que han validado alguna de tus aptitudes.
- Los contactos que sean compartidos sí son visibles. Pero son personas que ya tenían relación con ese otro contacto. No se han puesto en contacto con él porque hayan visto que tú tenías relación.

OTROS DATOS DE TU PERFIL

Tienes al final un vídeo para que veas qué datos puedes ocultar y mostrar a tus contactos.

¿CÓMO SÉ QUE ESTÁ BIEN MI PERFIL?

Ya comentamos al principio del libro que no hay un perfil perfecto. Tenemos que sentirnos bien con lo que comunicamos. Ser nosotros mismos. Es la mejor forma de atraer a personas similares a nosotros de hacer lo que se denomina P2P (el persona a persona).

Leerás que tienes bien si has conseguido el nivel estelar o como lo vaya definiendo Linkedin. Y estará muy bien que lo tengas.

Te propongo algo mejor. ¿Quieres saber de verdad cómo te ve LinkedIn?

Vete a la pestaña de empleo y mira qué te ofrece LinkedIn.

Si está en línea con tu trabajo o lo que quieres hacer o comunicar. excelente. Tu perfil está perfecto.

Si no lo está revisa qué términos o comentarios has incluido que para Linkedin son importantes, pero para ti no.

Personaliza tu perfil público

Selecciona qué se muestra en las búsquedas en Bing, Google, etc. y en las insignias del perfil público y en servicios autorizados como Outlook, cuando los visitantes no han iniciado sesión como miembros o no han vinculado su cuenta de LinkedIn a dichos servicios.
Más información ▸

Los cambios en tu perfil afectarán al contenido del perfil público.
Edita tu perfil ▸

○ Hacer que mi perfil público no esté visible a nadie
⦿ Hacer que mi perfil público esté visible a todos
- Información básica (obligatorio)
- Fotografía
  - ○ Tus contactos
  - ○ Tu red
  - ○ Todos los miembros de LinkedIn
  - ⦿ Público
- ☑ Titular
- ☑ Sitios web
- ☑ Publicaciones y actividades
- ☑ Extracto
- ☑ Experiencia actual
  - ☑ Detalles
- ☑ Experiencia pasada
  - ☑ Detalles
- ☑ Idiomas
- ☑ Aptitudes
- ☑ Educación
  - ☑ Detalles
- ☑ Publicaciones
- ☑ Recomendaciones
- ☑ Grupos
- ☑ Perfil público traducido automáticamente
  - ☑ Alemán

Tu tarea, tu turno

Día 10 - A por el 10

⇒ Personaliza tu url
⇒ Incorpora todos tus correos electrónicos
⇒ Incorpora todas las redes sociales
⇒ Incorpora todos los datos de contacto
⇒ Revisa la privacidad (para ser más o menos visible)

MIRA SI EL EMPLEO QUE TE SUGIERE LINKEDIN CUADRA

Si es así y además la página de inicio y los contactos que te sugiere LinkedIn están en línea, es todo correcto.

Si no es así, toca revisar el perfil y tu actividad. LinkedIn entiende otras cosas sobre ti.

RECURSOS ADICIONALES

VÍDEO TUTORIALES LINKEDIN:

- Cómo personalizar tu url.

- Cómo crear insignias de perfil.

- Cómo incorporar urls de webs.

- Cómo incorporar varios correos electrónicos a la cuenta de LinkedIn.

- Recomendaciones de perfil.

- Rellenando los datos de contacto.

- Mi privacidad: ocultar nombre y apellidos y contactos.

- Cómo revisar la visibilidad de mi perfil.

NORMATIVA LINKEDIN:

- Sobre el cambio de la url de tu perfil.

- Correo electrónico en LinkedIn

David Díaz Robisco

¿QUIERES MÁS?

Si te ha parecido interesante y quieres seguir mejorando, no te olvides que puedes seguirme también:

- Recibe semanalmente contenido que mejore tu día a día haciendo clic aquí.

- Mi canal de YouTube Información para la acción

- Podcast "LinkedIn Sencillo": en iTunes o en Ivoox
- Twitter: @davidcreainfo
- Facebook: LinkedIn Sencillo.
- Si quieres contratar mis servicios de mentoría para profesionales o empresa:

- Si quieres conferencias o talleres haz clic aquí.

Y para cualquier comentario o duda, contáctame o escríbeme un mail a: david@informacionparalaaccion.com

Todavía tengo un regalito más ahora que toca lucir perfil.

AHORA TOCA LUCIR PERFIL

¿Has hecho todo el perfil? ¿Te lo has currado? ¿Bien, bien?

Ojo, sólo si te lo has currado de verdad.

Si **has hecho todos los apartados del libro**, le has puesto cariño y tiempo, me encantaría que lo compartieses en tus redes.

Lo único que tienes que hacer es compartir:

- la url de tu perfil nombrándome en LinkedIn y también al libro.
- Compartir mediante vídeo cómo te ha ayudado el libro.

Nómbrame a mí y a libro e intervendré para darte mi opinión sobre la primera impresión de tu perfil.

Por ejemplo:

"Gracias a @ David Díaz Robisco y a su libro: Curso de LinkedIn - 10 días para tener un perfil con huella he mejorado mi perfil he mejorado mi perfil.

Lo que más me ha gustado del libro ha sido [pon lo que más te haya gustado…]

¿Quieres verlo? Tu url (o colgar un vídeo explicando cómo te ha ayudado el libro).

#LinkedInSencilloPerfil #MarcaPersonal #SocialSelling #DigitalSales

¡Sí, todavía hay más!

¡Ahora los dos bonus!

BONUS1. HAZ CRECER TU RED

DIOS LOS CRÍA Y ELLOS SE JUNTAN

COMO INVITAR PARA QUE ME ACEPTEN

CÓMO GENERAR CONFIANZA ANTES DE CONECTAR

No hay fórmulas mágicas, pero sí que utilizando esta metodología aumentarás las posibilidades que te acepten al conectar.

¿Qué hacemos cuando queremos caerle bien a una persona en la vida real?

- **Nos aprendemos su nombre**: aunque la veamos poco, qué bien nos hace sentir que nos llamen por nuestro nombre, y qué vergüenza nos da, cuando nos somos capaces de acordarnos del nombre de la otra persona o de qué la conocemos.
- **Nos interesamos por ella**: le preguntamos por sus gustos, aficiones, familia, por todo aquello que hace en la vida.

Lo mismo pasa en LinkedIn. Si queremos que nos acepten, nos lo tenemos que currar. Tenemos que mostrar un interés auténtico por la otra persona.

David Díaz Robisco

Los profesionales en LinkedIn hacen las mismas cosas que se hacen en la vida real

¿Ya sabes qué tipo de profesional eres?

¿para qué quieres estar conectado?

¿POR QUÉ LES QUIERES CONECTAR?

La pregunta es muy sencilla, pero la respuesta no lo es tanto. Aquí te paso a detallar algunos de los motivos para invitar a conectar:

- Para aumentar tu red de contactos (coleccionista de contactos). Si estás leyendo, seguro que no quieres coleccionar, sino hacer networking.
- Para crear tu comunidad y tener más visibilidad.
- Para conectar con potenciales clientes.

¿CON QUÉ PERSONAS TENGO MÁS PROBABILIDAD DE CONECTAR?

Con todas aquellas personas que están activas en LinkedIn. ¿Y cómo sé cuáles son esas personas? Ábrete su perfil y mira:

- Actividad reciente: ¿tienen? si tienen varios elementos compartidos es muy probable que sean activos. Ojo, los CEOs y nivel C, no siempre son públicamente activos porque son muy celosos de su intimidad. Pero hay otros factores que te ayudarán a saber si son activos.
- Número de contactos: aparece debajo de la foto si tiene menos de 500 el número, y si tiene más te lo indica.
- Contactos compartidos: si son personas cercanas a ti, es posible que te acepte, y también puede ser una excusa para mandar una invitación personalizada. "Buenas [nombre]: He visto que compartimos intereses y contactos como [nombre]. ¿Conectamos?"
- Tiene el perfil completado: titular, foto, extracto, experiencia

¿Esto quiere decir que no invite a las personas no activas?

Es más complicado que te acepten, y si lo hacen ¿para qué te puede servir? ¿Por qué no buscar estar conectados con ellos en otra red social como Twitter?

SI ERES COLECCIONISTA DE CONTACTOS

Muy peligroso, aunque muy fácil de invitar a conectar.

Si lanzas invitaciones a todas los profesionales que te sugiere LinkedIn, ten mucho cuidado. Si tu ratio de aceptación es baja, posiblemente LinkedIn te retire la posibilidad de seguir invitando.

Yo también he sido coleccionista cuando empecé en LinkedIn. No es una práctica muy aconsejable.

Nunca contactes a nadie sin enviarle una invitación personalizada

David Díaz Robisco

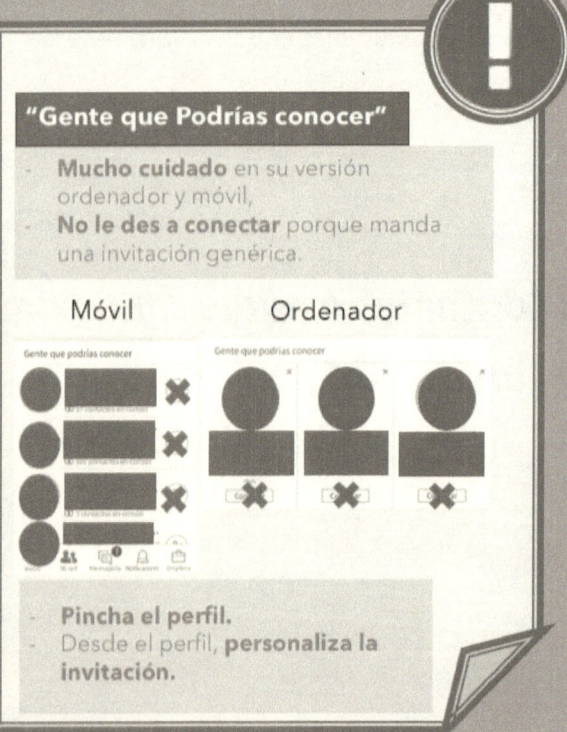

CREAR TU COMUNIDAD Y AUMENTAR TU VISIBILIDAD

Cuando hacemos amigos, no estamos pensando qué voy a sacar a cambio. Simplemente los hacemos porque nos sentimos a gusto con ellos.

Sí que es cierto que a futuro puede surgir oportunidades. Qué bueno es invitar a conectar a todas aquellas personas que interactúan con lo que tú publicas y compartes. Son similares a ti, y tienes muchas posibilidades que te acepten. Esa temática será la del siguiente libro.

PARA CONECTAR CON POTENCIALES CLIENTES

Claro que sí. Puedes hacerlo de una forma indirecta. Si estás interesado en entrar en una empresa, ¿por qué no ir invitando a personas de esa empresa que están en contacto con tus artículos? Aunque no sean tu persona objetivo, el tenerlos incorporados a tu red te da visibilidad entre sus contactos. Y entre esos contactos puede estar tu cliente objetivo.

Y cuando entras en contacto con un cliente potencial, no vendas en la primera interacción.

Que te acepten de contacto no significa que tengas derecho a vender

¿QUÉ HACER ANTES DE CONECTAR?

1. Abrir el perfil de la otra persona: que vea que te has preocupado por ella.
2. "Ver toda la actividad". Pinchando ahí, podrás ver su actividad

En su actividad podrás ver:

- Artículos: es el blog que tiene la persona en LinkedIn. Todo su contenido original.
- Publicaciones: contenido que no es suyo, pero que lo comparte.
- Todo: aquí te saldrán los artículos, las publicaciones y toda su actividad con recomendaciones y comentarios que ha hecho.

Es un sitio ideal para hacerse visible ante esa persona antes de que reciba nuestra invitación.

Curso de LinkedIn: 10 días para tener un perfil con huella

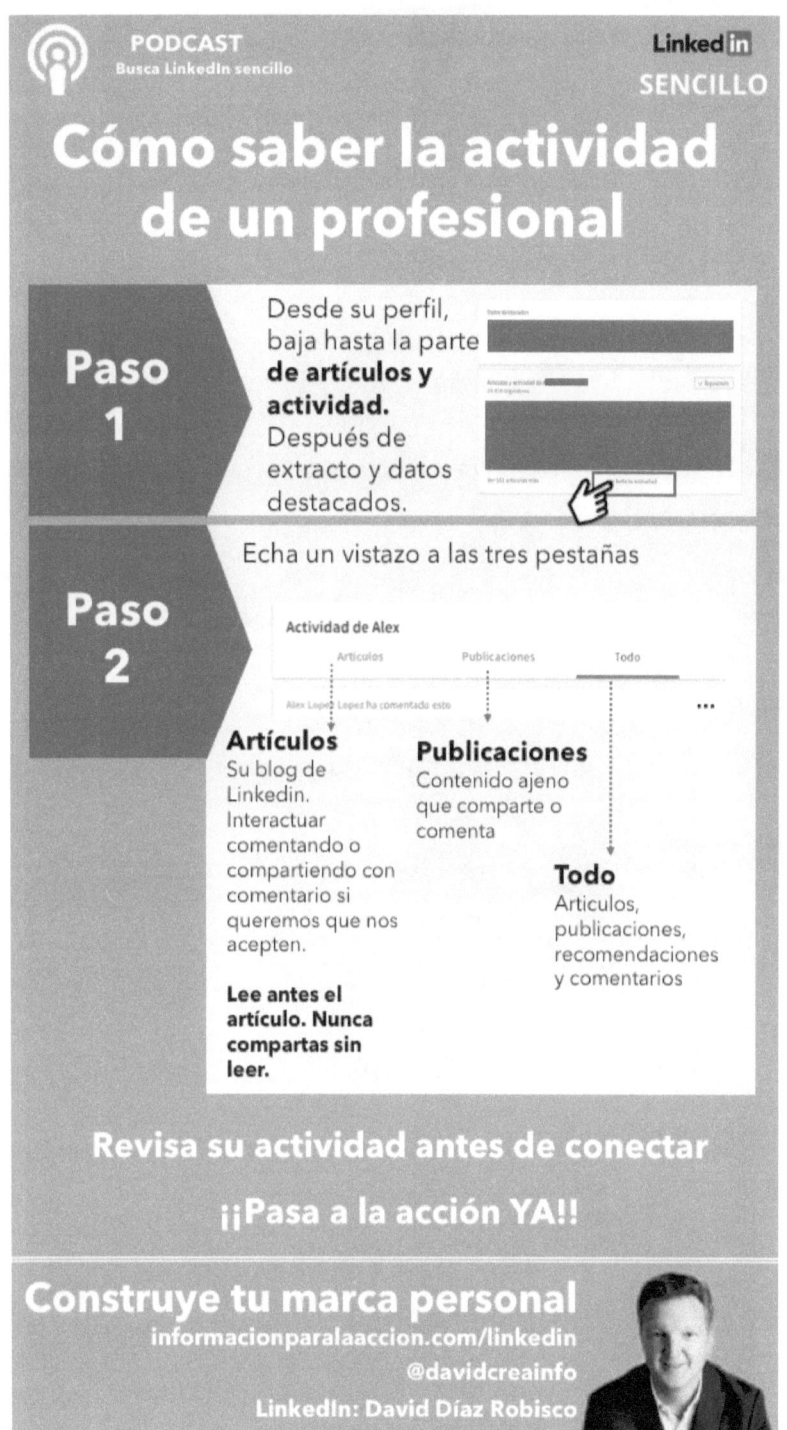

Si ves alguna cosa que te gusta de su actividad interactúa. Comentar y compartir comentando siempre es más visible que recomendar.

Y si te interesa mucho lo que publica, dale a "+ Seguir". Lo puedes hacer desde su perfil o desde su actividad reciente. Y por dos motivos:

- A tu posible contacto LinkedIn le notificará que sigues sus publicaciones.
- Tendrás en tu pantalla de acceso a LinkedIn todo lo que vaya compartiendo esa persona.

ENVIAR INVITACIÓN PERSONALIZADA

De las invitaciones que recibo el 97% de ellas son en blanco. O no dicen nada o alguno puede poner el "Me gustaría añadirte a mi red de contactos", que para el caso es lo mismo. No me aporta nada, no me ayuda a iniciar una conversación, no me hace sentir especial, ni siquiera han puesto mi nombre.

Me imagino que este porcentaje será similar en el resto de los contactos.

HAY UNA OPORTUNIDAD ÚNICA DE SER DIFERENTES Y DE HACER SENTIR A LA OTRA PERSONA ESPECIAL.

Con la configuración de LinkedIn de 2017, es muy fácil invitar a conectar. Ya no se requiere conocer a la otra persona de nada, ni saber su mail.

INVITACIÓN PERSONALIZADA DESDE EL ORDENADOR

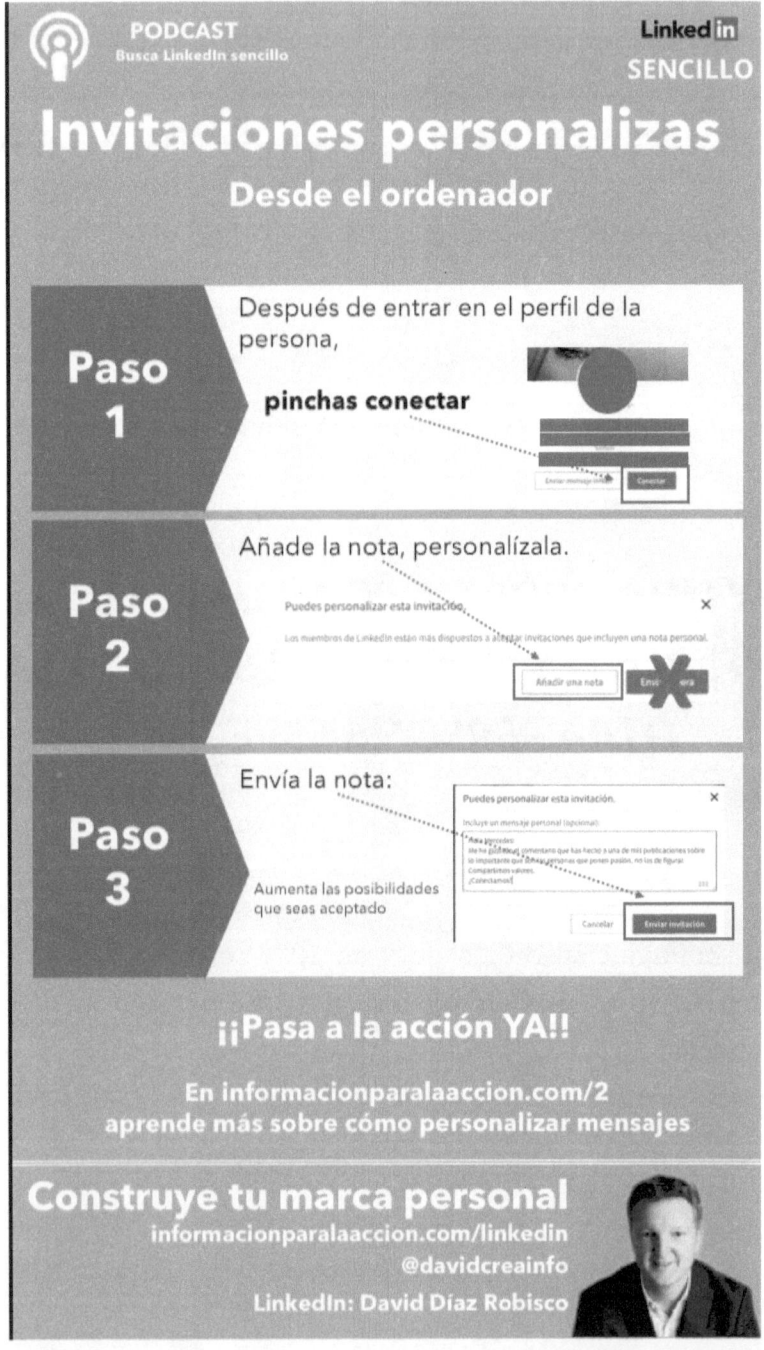

INVITACIÓN PERSONALIZADA DESDE EL MÓVIL

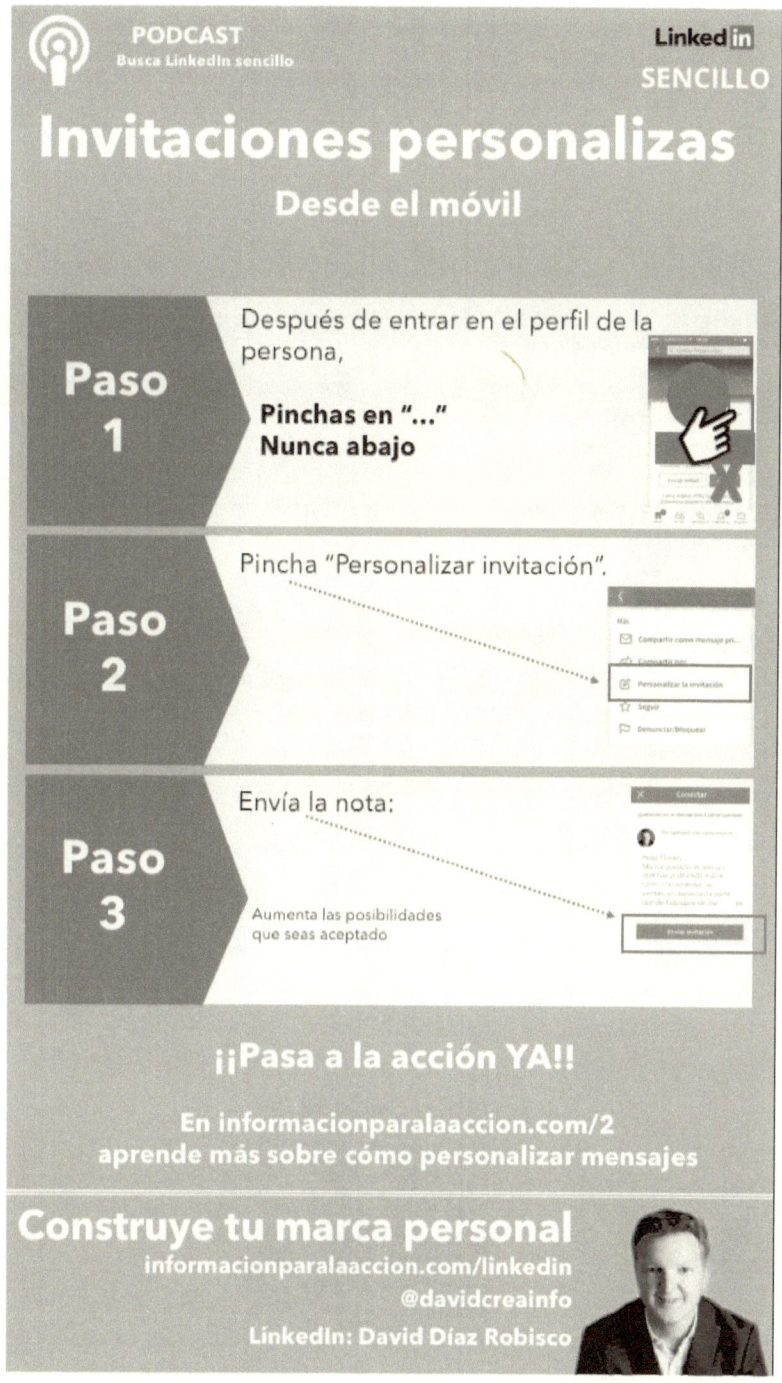

TIPO DE MENSAJE PERSONALIZADO

Sé breve. Sólo tienes 300 caracteres para invitarle. Esto es una red profesional, no estamos para perder el tiempo y tenemos que ir al grano.

Utiliza un lenguaje normal, el que suelas usar profesionalmente. Si has hecho la parte de mirar lo que publica tanto contenido propio como ajeno aquí te dejo una sugerencia:

"Buenas [nombre]:

He leído uno de tus artículos y me ha gustado porque. ...

Estoy formando una COMUNIDAD de profesionales para estar al día ....

¿Conectamos?"

¿Que lleva mucho tiempo hacerlo? No te creo. Si lo haces a través de móvil, no lo tienes ni que escribir. Puedes usar el dictado del teléfono. Aquí te dejo un vídeo desde el minuto 1:05 y puedes dejar de verlo en el 2:25.

HAZ CRECER TU RED DE CONTACTOS

Siempre invitaciones personalizadas. No lo olvides.

Aquí te dejo cuatro infografías:

- Desde los contactos del mail.
- Desde los contactos del teléfono.
- Profesionales que han trabajado conmigo.
- Profesionales que han estudiado conmigo.

Pero también, le puedes invitar buscando su nombre y apellidos en la lupa (porque habéis coincidido en una reunión, en un acto, os han presentado por negocios)

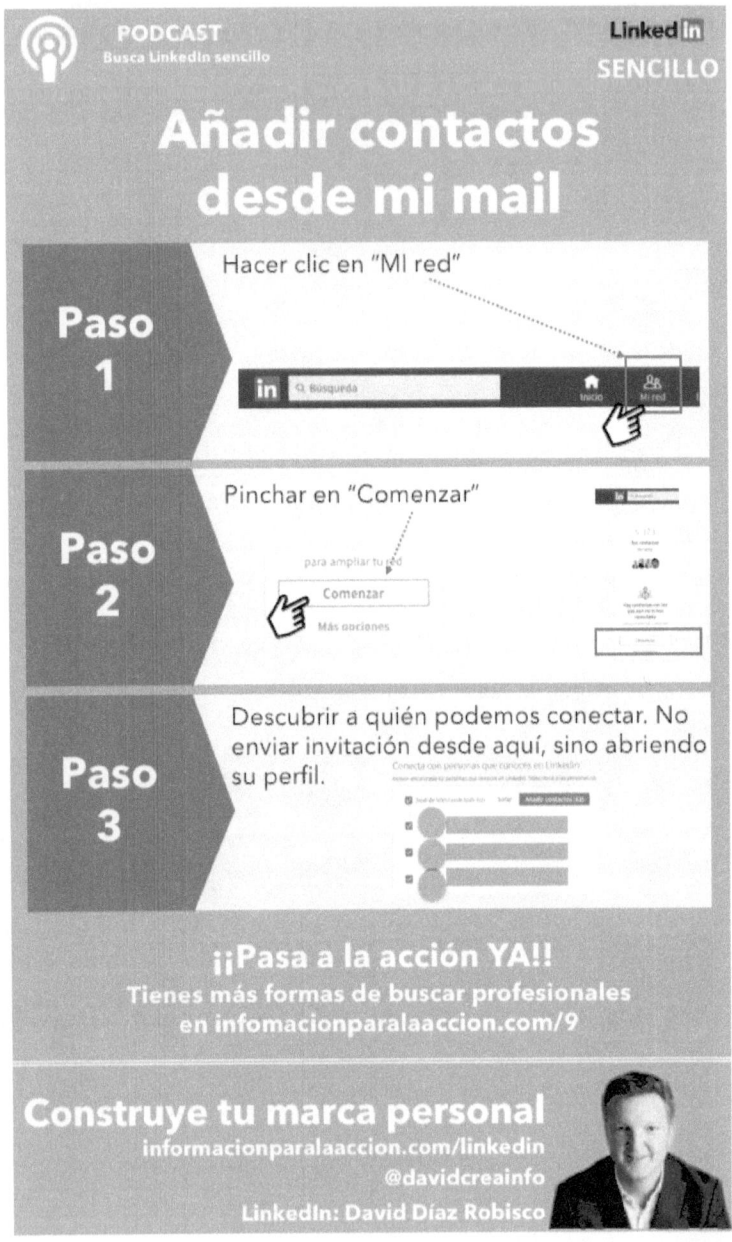

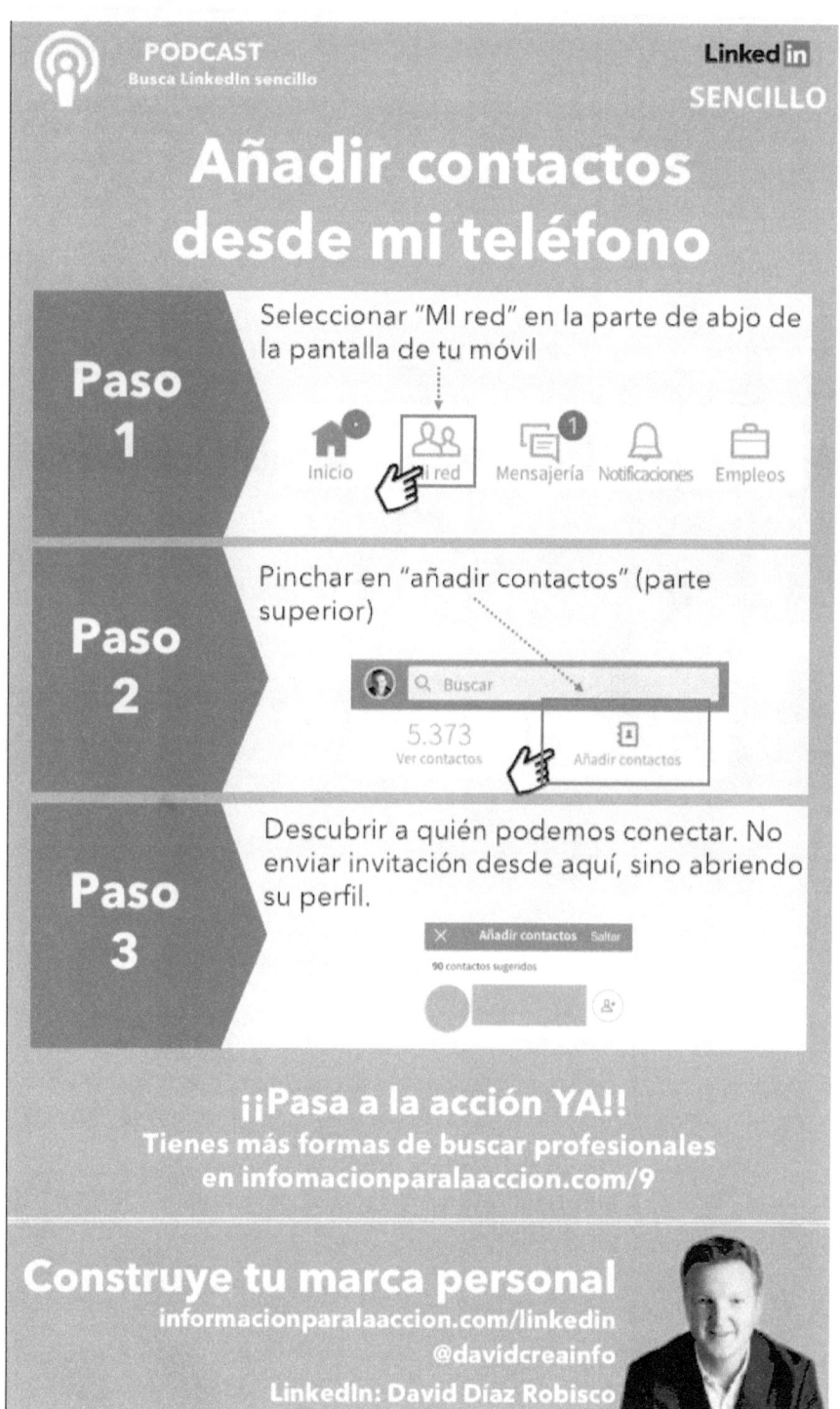

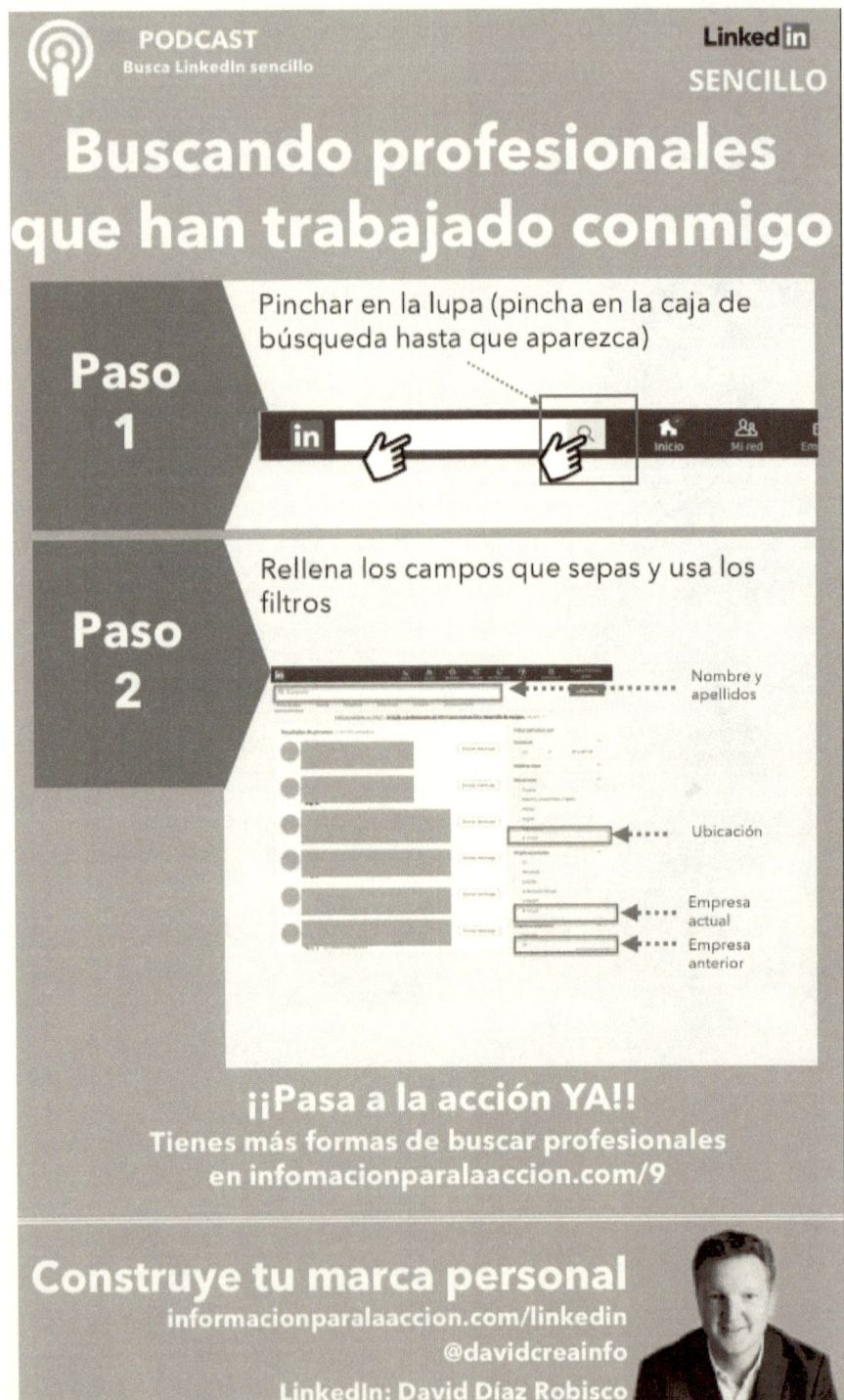

Curso de LinkedIn: 10 días para tener un perfil con huella

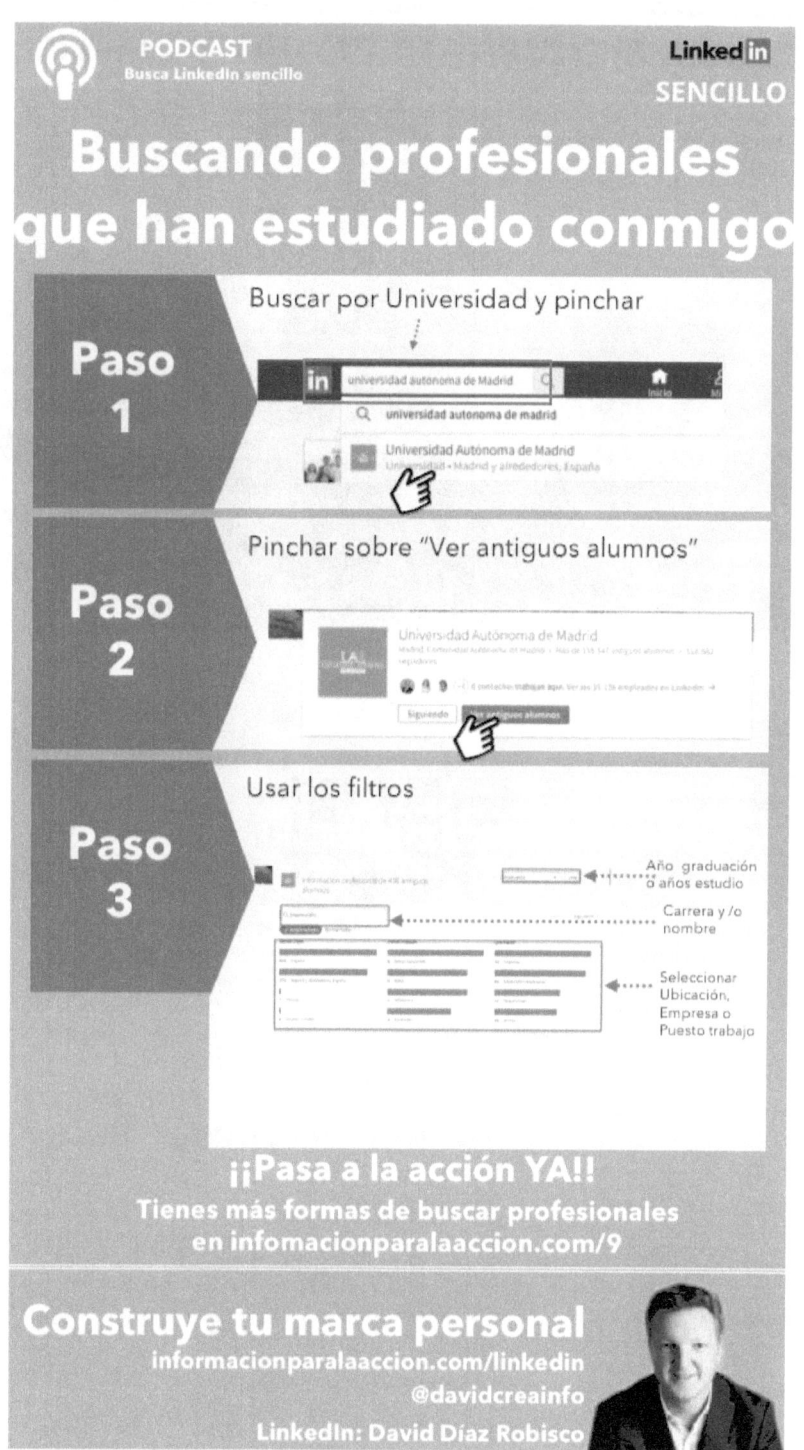

David Díaz Robisco

DALES LA BIENVENIDA CON TU PLANTILLA

Inicia conversaciones

¿POR QUÉ TENER TU PLANTILLA DE BIENVENIDA?

Para iniciar conversaciones.

Cada vez que alguien te dice "Gracias por pertenecer a mi red de contactos", no hay posibilidad de hablar de nada.

Además, como en las relaciones personales, los primeros siete segundos son fundamentales.

La plantilla de bienvenida tiene esta estructura:

- Presentación
- Nudo
- Desenlace

A continuación, te dejo una de mis plantillas. Cópiala, adáptala y úsala para dar la bienvenida a tus contactos. Te aseguro que iniciarás más conversaciones que antes.

No te asustes, aun haciendo las cosas bien yo tengo una ratio de respuestas un poco inferior al 10%. Pero no haciendo nada, tu nivel de interacción es cero.

PRESENTACIÓN

Al principio, no hables de ti. Habla de la otra persona.

"Buenas [nombre]

No sé muy bien qué persona o artículo te ha podido impulsar a conectar conmigo. ¡Bienvenido!

Un placer estar conectados. Me ha gustado que recomendases mi artículo xxxxxx y mucho más que me invites a conectar.

He visitado tu perfil y compartimos xxxxxxx"

Aquí un ejemplo real:

"Buenas [Nombre]:

He visitado tu perfil y desde luego que admiro tu multiculturalidad y haber vivido en distintos países. Es un tema que a mí me queda pendiente y siempre me da envidia (de la sana). Además, veo que compartimos área de interés en finanzas."

HABLANDO DE LA OTRA PERSONA - IDEAS PARA TU PLANTILLA

Lo primero mirar el perfil de la persona que te ha invitado. Que vea que tú sí has mirado su perfil. ¿Ha mirado él el tuyo? Si lo ha mirado, hay más posibilidades.

- Su titular profesional y extracto: ¿hay algo que te llama la atención? ¿coincidís en algo? (qué bueno es que tú también tengas un buen extracto para dar pie a la otra persona a iniciar conversación)?
- Su última actividad en LinkedIn: verás qué cosas le gusta compartir y sus intereses o si ha compartido algo tuyo.
- Otras cosas: si ha puesto algún, seguro que se siente orgullos@. Cuando le contestes házselo saber. Las empresas en las que ha trabajado, las ciudades o países donde ha vivido, ...
- Recomendaciones recibidas: le puedes decir que te han gustado las recomendaciones que ha recibido.

Fundamental poner el nombre de la persona, que se sienta especial.

Pon tu forma de saludar, como hablas a la gente normalmente en tu entorno profesional: Hola, buenos días, buenas tardes. Pero deja de lado los formalismos tipo "Estimad@, ..."

Tienes varias opciones:

- Si no sabes el porqué, preguntar directamente por qué te ha conectado. Puede ayudar a iniciar la conversación. "No sé muy bien qué persona o artículo ..."
- Si ha recomendado algo tuyo, darle las gracias.
- Si has recibido un mensaje personalizado (esto es muy raro), seguir el hilo de la conversación.

¡MUY IMPORTANTE! Luego, dedica un párrafo corto a hablar sobre la otra persona. Destaca los puntos que hemos visto anteriormente del perfil. Lo que auténticamente te haya gustado.

Curso de LinkedIn: 10 días para tener un perfil con huella

NUDO

PRESENTÁNDOME Y DANDO ALGO DE VALOR - MI PLANTILLA

"Doy SOLUCIONES SENCILLAS para MEJORAR RESULTADOS a través de la IMPLICACIÓN DE LOS EQUIPOS mediante: FORMACIÓN PRÁCTICA (principalmente equipos comerciales) y la IMPLANTACIÓN DE INDICADORES DE GESTIÓN.

Entiendo las redes sociales como un lugar para formar una COMUNIDAD. Profesionales que NOS GUSTE COMPARTIR DE UNA FORMA HUMANA Y SENCILLA NUESTRA EXPERIENCIA Y OPINIONES nuestros aciertos y nuestros errores. Mi lema es "Hacer sencillo lo que parece complejo" y AYUDAR A HACER EL DÍA A DÍA MÁS FÁCIL.

Te dejo aquí el artículo titulado: Cerrando ventas sin ser agresivo. 10 lecciones que aprendí en un área de servicio:

https://www.LinkedIn.com/pulse/cerrando-ventas-sin-ser-agresivo-10-trucos-que-de-un-díaz-robisco"

PRESENTÁNDOME Y DANDO ALGO DE VALOR - IDEAS PARA TU PLANTILLA

Preséntate y **explica lo que haces en tu trabajo** y cuál es la finalidad de estar en LinkedIn. **No vendas**, a no ser que el contacto te lo sugiera. A mí nunca me ha pasado.

Antes de vender hay que generar confianza.

Puedes comentar que quieres aprender o estás interesado en una determinada área, lo que más te gusta de tu trabajo, si tienes algún reto, si tienes alguna preferencia. Si lo dices, a lo mejor la otra persona te puede ayudar. Por ejemplo, yo tenía el reto de alcanzar las 100 K visualizaciones de mis posts y lo comentaba en las bienvenidas.

Yo tengo un artículo mío para distintos tipos de persona según veo lo que le puede encajar.

Pero si no publicas nada, en esa plantilla de word (o similar) ten enlaces a temas interesantes y guárdatelos para compartir. La otra persona valorará que te has preocupado por ella.

Si no es un artículo le puedes sugerir seguir a una persona, un blog, ... lo que sea. Pero mándale algo.

Y si no sabes qué mandarle, algún artículo mío relacionado con LinkedIn para que pueda mejorar :) Estando en LinkedIn seguro que le es útil.

DESENLACE

LLAMADA A LA ACCIÓN Y DESPEDIDA - PLANTILLA

"Aprovecho para dejarte aquí un enlace a mis recursos gratuitos (PUEDES DESCARGAR SIN DEJAR TUS DATOS):

http://informacionparalaaccion.com/recursos-gratuitos/

Me hará mucha ilusión que me respondas a este mensaje de la forma que quieras. Me puedes decir qué temas te gustan más, qué esperas de estar conectados, si te puedo ayudar o colaborar en algo, a qué retos profesionales te enfrentas o lo que quieras. Recuerda, estoy aquí para aportar todo lo que pueda.

Feliz día XXXX

David Díaz

@davidcreainfo

http://informacionparalaaccion.com/LinkedIn"

LLAMADA A LA ACCIÓN Y DESPEDIDA - IDEAS PARA TU PLANTILLA

Aprovecha para redirigirla a tus recursos gratuitos o a tu web (bien aquí o en la firma) e invítale a que te conteste de la forma que quiera (Me hará mucha ilusión. ...)

Pon el nombre al final y utiliza en la despedida tu lenguaje coloquial. No a los "un saludo", "atentamente", ... Vamos a intentar acercar la relación.

Y en la antefirma puedes poner una página de tu web, o tu cuenta de twitter, facebook u otras formas alternativas de seguirte.

RECURSOS ADICIONALES

Artículos:

- Cómo ser más visible en LinkedIn: reglas para aprender qué contenido propio y ajeno compartir.

- Cómo comentar y compartir bien en LinkedIn: cómo se comparte contenido para ser más visible.

Vídeos

- Cómo saber la actividad de un profesional antes de invitar.

- Cómo invitar en LinkedIn con la versión móvil y el dictado.

Sugerencias de LinkedIn:

- Personas con las que podrías conectar y que te sugiere LinkedIn.

BONUS 2. TRES SECRETOS PARA SER MÁS VISIBLE

APRENDE A SER ACTIVO EN LINKEDIN

SECRETO 1 - ¿QUIERES SABER LO QUE LOS DEMÁS VEN DE TI?

LinkedIn es el sitio ideal para generar oportunidades de profesionales: clientes, colaboraciones o atraer talento.

No existen fórmulas mágicas. Pero sí una forma de actuar que aumenta nuestras posibilidades que sí pasen las cosas.

En este primer secreto que voy a compartir contigo vas a ver:

- Qué diferencia hay entre recomendar, comentar o compartir y qué usar dependiendo de nuestros objetivos.
- Hacerte a ti mismo una auditoría.

SECRETO 2 – ORGANIZAR CONTENIDO EN AUTOMÁTICO PARA COMPARTILO

A mí también me ha pasado cuando comenzaba. No sabía cómo moverme. Veía en la página de inicio (el feed), una y otra vez el mismo contenido: frases motivacionales, artículos de periódicos y revistas, todo muy políticamente correcto.

Y sigue pasando. Nos cuesta arriesgar. Poner algo nuevo, exponer nuestro punto de vista. Pero cuando lo haces, sales del estándar y empiezas a atraer a personas similares a ti. Puedes iniciar conversaciones, generar confianza y de ahí salen los negocios. No de forma inmediata, pero van saliendo.

Ya sé lo que me vas a decir. ¿De dónde saco ese contenido original? ¿Ese que no está circulando por la red? Eso es lo que vamos a ver en este segundo secreto. Cómo puedo encontrar y/o tener siempre organizada la información de calidad que pueda leer y compartir.

Dentro vídeo

SECRETO 3 – CÓMO CREAR TU PROPIO CONTENIDO

No sólo te pasa a ti. A mí también me pasa. Me da miedo a exponerme. ¿Y si esto que pongo es una chorrada?

Y después de superare este miedo viene el siguiente. No sé sobre qué puedo escribir. ¿Cómo que no? ¿No me digas que no hablas nunca de nada?

Ahhh, entonces el problema no es sobre qué puedo escribir sino cómo puedo hacerlo atractivo.

Hay opciones para todos los gustos. Desde escribir, grabar un vídeo, un podcast o hacer microcontenido tipo infografía. Creo que te estás quedando sin excusas.

En este vídeo te explico cómo darte cuenta del contenido que tú ya estás creando y cómo bajarlo a tierra de una forma interesante.

Pasa a la acción

David Díaz Robisco

HASTA PRONTO

En todo lo que hagas personal y profesionalmente

SÉ TU MISMO

Muy contento que hayas llegado hasta el final, si has currado mucho, si has mejorado tu perfil gracias al libro, compártelo en LinkedIn nombrándome. Si me nombras te lo agradeceré y te daré mi primera impresión. Te daré mi opinión sobre los temas que puedes mejorar.

Estoy ya preparando el siguiente libro. Irá sobre formas de comunicar en LinkedIn. Me gustaría que me ayudases dándome la opinión de este libro y del próximo.

Te llevará solamente dos minutos rellenarla haciendo clic aquí . Allí incluyo mi vídeo de despedida.

David Díaz Robisco

Mucho éxito en todo lo que te propongas

AGRADECIMIENTOS

Un agradecimiento muy especial a todas las personas que han revisado el libro antes de la publicación y que me han dado muchas ideas para hacerlo aún mejor.

En primer lugar, a mi padre que es mi primer seguidor y le encanta que todo salga perfecto sin ningún tipo de fallo. Muchas gracias papá (Ángel Díaz Rodríguez).

A la Rana Gaspar (Gaspar González Jurado-Gutiérrez) por cambiar mi visión del libro y hacerlo mucho más práctico y cercano.

A Beti Sapiña por obligarme a sacar lo mejor de mí mismo y todavía hacerme explicar mucho más claro y cercano.

A Miquel Nadal Vela por darme la visión comercial del libro.

A Isabel Salido por ayudarme a entender al usuario del libro y sugerirme más puntos para que todavía fuese más claro y sencillo. Para que cualquier profesional pueda construir por sí mismo su perfil con las menores dudas posibles.

A Beatriz G Barbeito, por dejarme compartir los vídeos y el material que con tanto cariño preparamos para las formaciones Feliz y Rentable.

Y a todos los que me han dado autorización para publicar sus ejemplos y comentarios: María José Álvarez Peña, Teresa Díez, Pedro

Sánchez Ortega, Mireia García Roca, Sandra Rodríguez Checa, Guillem Recoloms, Lola Castillo García, Federico Tost, Xabier Balda, Yolanda Benito, Jun Daniel Sobrado Rubio, Marisa González Laguna, Tim Hughes, Viveka Von Rosen, Iván Calvo Prieto, Alex López López, María Vallejo, Yurani López Valerio, Nikolai Clerc, Laura Gil García, Alberto Terol Conthe, Mamen Delgado, Leo Piccioli, JJ Delgado, Gemma Hernández Rodríguez, Minerva Morel, Rosa Herrero Cobo, Idoia Iceta, Aitor Íñiguez de Heredia, Carlos Silva, Eva Collado Durán, Elisabet Cama, Victor M. Arrebola, Juan Monedero, Brynne Tillman, Laura Fernández Dávila, Lori Richarson, Virgina Areños, Xabier Balda, Mario Martínez Jr, Sergio Santamaría Riocerezo, Paula Pérez Toledo y Sadia Ashraf, .

Portada y caricaturas: Dani Verdugo Alia

Puedes contactar con él:

- Domestika
- Behance
- por mail: daniel.verdugo.alia@gmail.com

David Díaz Robisco

www.ingramcontent.com/pod-product-compliance
Lightning Source LLC
Chambersburg PA
CBHW020628220526
45464CB00001B/64